Collins

Big book of

Book

Wordsearches 3

Published by Collins
An imprint of HarperCollins Publishers
Westerhill Road
Bishopbriggs
Glasgow G64 2QT
www.harpercollins.co.uk

10 9 8 7 6 5 4 3 2

© HarperCollins Publishers 2018

All puzzles supplied by Clarity Media

ISBN 978-0-00-829332-1

Printed and bound by CPI Group (UK) Ltd, Croydon CR0 4YY

If you would like to comment on any aspect of this book, please contact us at the above address
or online.
E-mail: puzzles@harpercollins.co.uk

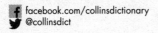
facebook.com/collinsdictionary
@collinsdict

PUZZLES

1 Happy

```
A Y V L O E I J B M E R R Y V
Q L G N I M A E B U O Y A N T
U P C I C M L T Z P A J L A S
O P B H G R G N I Y O J N E O
P A G D O G G N I W O L G Z S
E L N G E R L A I V O J B G T
R I I I N S T I T C H E S L M
T X L X L I U L N Q I A T U W
H M W U N U L M I G F O A F G
R M O T F J F K A N H A J E N
M E H C V R O H C V G C O E I
S H A P Y L E K T U E O Y L R
D N M G N I K E I R H S F G A
U O R B T I U Y H N I C U A O
W G G N I L K C A C G M L I R
```

AMUSED	ENJOYING	JOVIAL
BEAMING	GIGGLING	JOYFUL
BUOYANT	GLEEFUL	MERRY
CACKLING	GLOWING	MIRTHFUL
CHEERFUL	HOWLING	REJOICING
CHORTLING	IN STITCHES	ROARING
CHUCKLING	JOKING	SHRIEKING

2 Dinosaurs

```
I  C  F  A  D  R  F  N  O  D  O  M  A  I  S
N  R  X  S  U  R  U  A  S  O  R  B  A  R  O
A  A  I  G  U  A  N  O  D  O  N  O  I  C  O
T  S  T  B  A  R  O  S  A  U  R  U  S  T  U
I  P  R  I  S  A  U  A  S  T  R  O  D  O  N
T  E  E  M  T  U  H  A  G  R  Y  P  H  U  S
O  D  C  E  D  A  R  O  S  A  U  R  U  S  A
R  O  P  G  W  R  F  U  B  O  R  Z  W  O  D
O  D  T  A  S  C  H  F  A  A  L  S  O  L  A
L  O  O  R  I  D  L  U  A  S  N  A  W  T  S
O  N  R  A  P  A  T  O  R  R  O  J  R  E  A
M  Z  W  P  T  A  G  U  S  T  I  N  I  A  U
S  P  O  T  A  R  E  C  A  P  W  G  I  L  R
A  L  L  O  S  A  U  R  U  S  L  E  R  P  U
X  T  T  R  S  D  I  P  L  O  D  O  C  U  S
```

ABROSAURUS	BAROSAURUS	HAGRYPHUS
ADASAURUS	CEDAROSAURUS	IGUANODON
AGUSTINIA	CERATOPS	MEGARAPTOR
ALLOSAURUS	CIONODON	OLOROTITAN
ARALOSAURUS	CRASPEDODON	RAPATOR
ASTRODON	DIPLODOCUS	SIAMODON
BANJI	GIRAFFATITAN	SPINOSAURUS

3 Types of Whale

```
N O O L T R E F J O W M N Z A
B U V P Y G M Y B E A K E D F
S O U T H E R N M I N K E Q A
E A W B E L U G A P R K L I D
D O R H K I L L E R A S A A E
Y P J U E Q B L U E W C B L H
R I B E M A P S B Z Y H W I T
B L T M A O D S E O Q H A H O
N O R T H E R N M I N K E L O
P T N F D E K A E B S E U R T
W T H G I R N R E H T U O S P
T D R V T N B J E A J A U R A
P H U M P B A C K Z S O R T R
U C M P Z P Y G M Y R I G H T
T B M R R A O S M D M R E P S
```

BALEEN	HUMPBACK	PYGMY RIGHT
BELUGA	KILLER	SEI
BLUE	NARWHAL	SOUTHERN MINKE
BOWHEAD	NORTHERN MINKE	SOUTHERN RIGHT
BRYDE'S	OMURA'S	SPERM
CUVIER'S BEAKED	PILOT	STRAP-TOOTHED
FIN	PYGMY BEAKED	TRUE'S BEAKED

4 Caribbean Islands

```
C O Z U M E L I C K Q D R E Y
A P Z I J O G R E N A D A B T
Y N D O M I N I C A G G D A B
M M E A Y X B T O R O T U H P
A E B V D R S A S G O E B A O
N P O C I R O T R E U P R M R
O P D B T S O A P B R O A A B
T O B A G O N G C T A R B S L
I R S B D D X T N I T D A T Q
P R S T T I K T N I A S O T U
S M R U H K N O N R G M S S L
R T R A N G U I L L A R A A G
O K R B R S Q T R R L A I J S
S A P U L U A L O T R O T V M
L R I C E P U O L E D A U G H
```

ANGUILLA	DOMINICA	NEVIS
BAHAMAS	GRAND TURK	PUERTO RICO
BARBADOS	GRENADA	SAINT KITTS
BARBUDA	GUADELOUPE	TOBAGO
CAYMAN	JAMAICA	TORTOLA
COZUMEL	MARTINIQUE	TRINIDAD
CUBA	MONTSERRAT	VIRGIN GORDA

5 Fast Food

```
C C C K N A N T X S P S U S A
E W H R E G R U B E I G G E V
Q U E I K B B B S L Z N U J J
A E E C C E A S O F Z I G P E
T O S I I K K B H F A R A S T
A R E S H R E W C A O N R N X
J E B N C B D N A W I O L Q U
G G U I D D P E N N T I I H N
O R R E E Z O P I U Z N C S O
D U G M I I T U O R G O B O O
T B E W R C A P G X F G R C D
O M R O F I T S A H I R E A L
H A S H B R O W N S N V A T E
F H B C U R R Y W J U U D I S
E T T T S Q T U D M L R T Z C
```

BAKED POTATO	FRIED RICE	NOODLES
CHEESEBURGER	GARLIC BREAD	ONION RINGS
CHICKEN NUGGETS	HAMBURGER	PANINI
CHOW MEIN	HASH BROWNS	PIZZA
CURRY	HOT DOG	TACOS
DOUGHNUT	KEBAB	VEGGIE BURGER
FRIED CHICKEN	NACHOS	WAFFLES

6 Valentine's Day

```
S  R  B  S  R  O  M  A  N  C  E  N  I  W  Z
O  O  V  O  D  E  P  R  O  P  O  S  A  L  B
J  M  S  C  A  N  S  E  C  I  N  E  V  E  V
B  E  N  I  E  R  A  T  V  A  A  C  V  O  S
S  A  N  T  T  L  E  H  A  O  L  R  M  J  E
Q  S  O  Y  T  S  E  N  G  U  L  E  T  R  T
Z  T  I  B  D  R  T  B  G  N  R  T  P  X  A
I  Y  T  R  R  Q  A  N  R  A  I  A  I  S  L
W  I  C  E  A  G  D  E  E  A  P  D  N  X  O
O  E  E  A  C  P  T  N  H  S  T  M  L  T  C
D  M  F  K  M  M  S  M  C  T  E  I  A  O  O
Z  E  F  N  Q  S  R  O  A  A  E  R  O  H  H
E  T  A  D  D  N  I  L  B  T  A  E  P  N  C
K  M  N  E  M  X  F  Y  E  I  E  R  W  U  P
C  O  S  Z  R  Q  O  N  T  X  M  L  I  S  D
```

AFFECTION	FIRST DATE	ROMANCE
BLIND DATE	HOLDING HANDS	ROME
CARD	LOVE	ROSES
CELEBRATION	PARIS	SECRET ADMIRER
CHAMPAGNE	PRESENTS	SWEETHEART
CHOCOLATES	PROPOSAL	VENICE
CITY BREAK	RESTAURANT	WINE

7 Gymnastics

```
G G W X C D H G B W Y E U F A
X O P S Q A I I R M V A U L T
S F D T O B R V G E U F S E N
P R N U S M B T E H O H G B U
R O A M T J E Z W R B P N A O
I N T B I V G R W H O A I L M
N T S L L Z P A S M E L R A S
G T D I P E R T M A T E L N I
B U N N S D L E P T U G L C D
O C A G R H L L N S R L I E U
A K H O D H T T A A R I T B R
R F L O O R E X E R C I S E R
D L Q R E U Q S E B A R A A L
Z N S U T A R A P P A P M M T
N E N I L O P M A R T S D F E
```

APPARATUS	FORWARD ROLL	SOMERSAULT
ARABESQUE	FRONT TUCK	SPLITS
BALANCE BEAM	HANDSTAND	SPRINGBOARD
CARTWHEEL	HIGH BAR	STILL RINGS
DISMOUNT	MATS	TRAMPOLINE
DIVE ROLL	PARALLEL BARS	TUMBLING
FLOOR EXERCISE	POMMEL HORSE	VAULT

8 Marine Life

```
T K E E L S J F S E A L R K E
E H E L Q T S T S A R T N N Q
A R F L T O A U X B E J R I N
E S I O P R O P P S Z S C U A
L W A D F B U U E Y N K S G E
A O D I C A K T R J T R J N T
H H S I F R E F F U P A E E C
W H S I F R E H C R A H L P A
R R T N J A I E S I W S L P W
A T I O M M O L U T U A Y T V
M G N O G U D C P R N Y F P R
R F G C S N U Y O K Y A I A L
N T R L A D F L T H A U S B S
S A A E L I D O C O R C H T R
B S Y J O Q N D O L P H I N R
```

ARCHERFISH	JELLYFISH	PUFFERFISH
BARRAMUNDI	KELP	SEAL
CRAB	OCTOPUS	SHARKS
CROCODILE	PENGUIN	STARFISH
DOLPHIN	PLANKTON	STINGRAY
DUGONG	PLATYPUS	TURTLE
EELS	PORPOISE	WHALE

9 Golf

```
E  I  B  Y  C  T  E  P  S  K  Q  Y  X  V  S
E  L  G  U  E  C  V  T  W  O  O  D  T  S  I
P  Q  R  E  N  H  D  R  I  P  F  O  R  E  O
T  U  S  F  M  K  E  S  N  O  R  I  H  H  O
S  Z  T  S  N  E  E  R  G  C  M  I  S  R  I
N  T  X  T  O  Y  I  R  L  R  L  L  P  M  Z
U  T  R  R  E  R  Y  D  E  R  C  U  P  G  S
K  S  C  O  E  R  T  Z  R  O  A  J  B  B  E
L  U  L  K  C  V  A  A  L  I  N  K  S  S  K
N  P  L  E  I  S  I  P  B  X  B  O  G  E  Y
H  R  G  G  L  N  S  R  I  L  B  M  K  F  K
P  Q  L  D  S  N  J  S  D  Y  A  I  A  Q  X
G  I  S  E  A  G  L  E  C  S  E  N  U  W  R
A  R  V  W  D  U  T  V  L  V  Z  M  Q  T  T
I  C  A  Q  S  R  R  L  P  K  T  K  J  T  U
```

ALBATROSS	FORE	RYDER CUP
BIRDIE	GREENS	SLICE
BOGEY	HOOK	STROKE
BUNKER	IRONS	SWING
CLUBS	LINKS	TEES
DRIVER	PAR	WEDGE
EAGLE	PUTTER	WOOD

10 Legal Vocabulary

```
I  G  L  C  Q  T  R  V  R  X  R  L  U  S  T
L  R  D  E  C  R  E  E  M  L  E  Q  C  E  R
O  E  O  S  W  A  C  G  L  A  E  P  P  A  U
G  M  K  A  I  I  V  D  D  N  D  J  S  S  O
C  Y  K  C  T  E  X  E  C  U  T  O  R  A  C
C  R  S  S  N  H  N  B  R  B  J  D  Z  R  O
S  U  U  U  E  C  N  E  D  I  V  E  L  B  N
U  J  S  V  H  S  S  G  R  V  F  P  I  V
O  S  U  L  S  S  B  D  M  T  S  E  L  T  I
Z  T  R  B  Y  T  I  N  M  E  D  N  I  R  C
P  R  K  S  Z  E  B  U  U  S  E  D  S  A  T
Q  B  V  K  A  Z  P  S  Z  S  A  A  V  T  I
Q  M  A  S  U  T  E  L  V  L  E  N  A  I  O
O  R  G  I  P  R  O  S  E  C  U  T  I  O  N
L  I  B  E  L  I  T  I  G  A  T  I  O  N  A
```

APPEAL	DURESS	LIBEL
ARBITRATION	EVIDENCE	LITIGATION
BAIL	EXECUTOR	OATH
CONVICTION	INDEMNITY	PLEA
COURT	JUDGE	PROSECUTION
DECREE	JURY	TRIBUNAL
DEFENDANT	JUSTICE	WITNESS

11 Fire...

```
D G A O C A M D R W R M J L B
T E D I A K O J H O U T K A R
G O S F C A N E O R I I S E R
S J S S E E N D S K B W Y G A
T M P F Z W M Q E S C A P E Q
R X R Y S A E O M C B O Z A Q
R U A A A D V C E R W O E P I
J Y L W L T R B E E O L C O B
T F S A O A R A R E F T M T I
T H C Z C J K L U N X O S N R
A S S K S D D L X G U B O A D
V U E X T I N G U I S H E R A
E R R N T B C M C N P E I D P
U S L D O P L A C E A L S Y R
R I R O D K B D A U L S X H U
```

ALARM	DOOR	HYDRANT
AWAY	DRILL	PLACE
BALL	ENGINE	POWER
BIRD	ESCAPE	PROOF
BREAK	EXTINGUISHER	SCREEN
BUG	GUARD	STORM
CRACKER	HOSE	WORKS

12 Words Containing 'Owe'

```
S  A  G  I  A  T  T  V  W  S  H  O  W  E  R
T  Y  C  L  B  R  M  O  W  E  R  E  K  R  T
G  Q  C  A  O  S  K  A  T  P  C  T  O  P  N
S  Q  A  O  U  W  L  D  W  F  E  W  J  Z  R
N  T  T  W  R  L  E  O  J  I  E  B  O  N  P
U  R  O  R  O  N  I  D  W  R  E  R  E  D  P
M  T  N  W  O  I  F  F  O  E  R  Z  M  L  Z
P  T  E  A  E  W  F  L  L  P  S  S  P  S  V
A  D  E  T  E  D  E  T  O  O  C  T  O  O  E
U  V  W  L  U  S  L  L  S  W  W  I  W  B  C
E  M  O  X  G  C  T  L  R  E  E  E  E  O  G
N  X  L  W  P  C  O  W  E  R  L  R  R  W  L
B  L  L  P  E  W  W  T  N  S  X  E  E  R
R  P  A  A  E  D  E  W  O  R  R  O  B  D  R
S  L  H  R  P  S  R  D  R  U  A  P  Z  A  A
```

AVOWED	EMPOWER	SHOWER
BORROWED	FIREPOWER	SLOWER
BOWED	GLOWED	SLOWEST
CAULIFLOWER	HALLOWEEN	STOWED
CORNFLOWER	LOWERED	SWALLOWED
COWER	MOWER	TROWEL
EIFFEL TOWER	ROWER	VOWEL

13 Stars

```
E Y I Z S R B P O L L U X E U
E A L D E B A R A N A E M R U
H H A T A M S O Z K O S I R O
E A S T H X G X C K V Z F T R
S S I R I U S I C E U R A J R
E I U N T U B M G S Q M I W A
C R E E A R C A P E L L A H E
I A U R G Z C C N Q N R D P E
S L N S U L Y E F U T M Y S A
S O I O C T E N O Y C O R P S
T P C Y P A U T U U R O O T T
U N P Q C U A A E M I R T W F
J S S R W R S U L B G O S U B
U S U L U G E R G M E D A I D
L X N M G M R I J T L C C W Q
```

ACRUX	POLARIS	SIRIUS
ALDEBARAN	POLLUX	SUN
BETELGEUSE	PROCYON	THUBAN
CANOPUS	PROXIMA CENTAURI	TUREIS
CAPELLA	RANA	VEGA
CASTOR	REGULUS	ZANIAH
DIADEM	RIGEL	ZOSMA

14 Knitting

```
O N E E D L E S A E R C E D P
S R P J S G G L T E H P S L P
P A P I G A N K S A G I I I R
L S W H N R I O I H N U S A U
L E H F C T P N T G T J A T Y
L E C L N E A Y L S S U S G U
R D T I O R H E T F A L T N N
W S I M O S S S T I T C H O O
V T T P R T E T O N K P I L S
N I S A I I S E B I N D O F F
N T K T B T R H P S H O O K R
O C C T B C E C U H W G S H R
L H A E I H V O R O O U Z T R
A M B R N P E R L F S F S A V
P T A N G L R C R F R A S M R
```

BACKSTITCH	GARTER STITCH	PURL
BIND OFF	GAUGE	REVERSE SHAPING
CAST ON	HOOK	RIBBING
CHAIN	LONG TAIL	SEED STITCH
CROCHET	MOSS STITCH	SINGLE STITCH
DECREASE	NEEDLES	SLIP KNOT
FINISH OFF	PATTERN	WOOL

15 Lakes

```
R I B U F A I M C C E O R X Y
Y W V N M A L A W I N A N N E
B G I I H S U Z L E P L U U C
I R I N C C Q G G L H S E J W
N H A N N T I A A M I A S E V
S U P E R I O R T R E B L A O
K R E E U R P R U Y A I U P L
S O I H A E Q E I Z C C R Y T
X N P S T T A N G A N Y I K A
N B U S N A G I H C I M A N V
T T S I M W E R U R O T P V E
Z K O Y K S R J V C R J P T N
A G O D A L U C E R N E M R E
S P A M S L C M U V W P L G G
D N O M M U R D I T B Z S O S
```

ALBERT	MICHIGAN	SUPERIOR
DRUMMOND	MWERU	TANGANYIKA
GENEVA	NICARAGUA	ULLSWATER
HURON	ONEGA	VICTORIA
LADOGA	PEIPUS	VOLTA
LUCERNE	RYBINSK	WINNIPEG
MALAWI	SAIMAA	ZURICH

16 Pride and Prejudice

```
J Z A L W I T N J U M M R S L
I H S R I M M R W F A O D Z E
I O T R L B E G A I R R A M A
L S M E R Y T O N A Y A E O A
G R U S B P E M B E R L E Y V
N E T S U A E N A J E I Y G U
I T C Y N T Z G I D A T R M O
G H L H C R E I U R S Y A S U
N G A I A R U C L Z E N O E H
I U S T R R A O L E N H I L O
R A S X A T L D B E B P T R X
B D B A I G E O R G I A N A F
P W P O D X T S T M N E D H C
U S N S Y O U X E T Z O Y C Z
N O V E L N E G R O E G L T T
```

CATHERINE	GEORGE	MARY
CHARLES	GEORGIANA	MERYTON
CHARLOTTE	JANE AUSTEN	MORALITY
CLASS	LONGBOURN	MR. DARCY
DAUGHTERS	LYDIA	NOVEL
EDUCATION	MANNERS	PEMBERLEY
ELIZABETH	MARRIAGE	UPBRINGING

17 Family

```
Z Y F U P N Q S B R O T H E R
Z I X F C F Q M P B E U L A G
U O G E N O S P E T S T A U E
R G R R F I T T N B E G S E N
K G A E A S N O A W F C Y I E
O T N T M N A N A A I H E T S
O U D H I O D U Q L W I O I O
R T S G L I N P U N P L D C N
N N O U Y T E N A I T D Z O B
E E N A T A C N R R R R P U L
R U P D R L S T Y E E E J S E
K Q A H E E E T T H H N Q I S
R D O B E R D R M T U T T N T
D A S T O W Z R K O J T A S R
D G K K S C X L R M S U R F K
```

AUNT	FAMILY TREE	NEPHEW
BROTHER	FATHER	NIECE
CHILDREN	GENES	RELATIONS
COUSINS	GRANDPARENTS	SISTER
DAD	GRANDSON	STEPSON
DAUGHTER	HUSBAND	UNCLE
DESCENDANTS	MOTHER-IN-LAW	WIFE

18 At the Salon

```
G B A Q U R B E R N P T O Y J
E N S T H G I L H G I H A D E
O S I A R O M A T H E R A P Y
G C I D B I A R O Y T C N M S
S E H S A L E Y E E S L A F H
E L L Q Y E O B Z P R T T M W
M A U M L L R W L O E J Y A P
P I A I A O O H D R S O A S E
H C R L W N W R T R T P R S D
C A W T F B I L T V Y H P A I
U F I A D R O C I C L M S G C
O N S L X R U T U G E T S E U
T T U C R I A H O R H L S O R
E S N O I S N E T X E T E T E
R R G N P I F G B O P P S A A
```

AROMATHERAPY	FACIAL	PEDICURE
BEARD TRIM	FALSE EYELASHES	PERM
BLOW-DRY	GEL MANICURE	RESTYLE
BOTOX	HAIRCUT	RETOUCH
ELECTROLYSIS	HIGHLIGHTS	SPRAY TAN
EXTENSIONS	LOWLIGHTS	THREADING
EYEBROW TINT	MASSAGE	WAXING

19 Poker

```
G N S M Q E C N O T T U B B A
H I G H C A R D C G P A E R G
P S C R I V E R U E D F A E X
P R U E S C P R S B L I N D S
F U L L H O U S E T N J T A I
L N R A F F C A S H G A M E M
O N S E P L T U E G K M K L X
P E D D R I A P T E K C O P I
E R C N A A R Y P V L R E I G
J W O T I M I L O N C G N H B
A H L Z S L I A T R F L C C C
I P U S E T L F O L D S A J U
R P Y L R P E A D J N T R Y X
S T A D R Z Z B D L P S R E A
M U L R T A K A S J L T J X I
```

ALL-IN	CHECK	NO LIMIT
BAD BEAT	CHIP LEADER	POCKET PAIR
BETS	DEALER	POT ODDS
BLINDS	FLOP	RAISE
BUTTON	FOLD	RIVER
CASH GAME	FULL HOUSE	ROYAL FLUSH
CHASE	HIGH CARD	RUNNER

20 Body Parts

```
D P D O R R C F W R P W S F G
A L I R X C R V W I X Q E A X
Q O Y V A O Q L A S P A S Z O
W P H T R A E H C A R T V L T
I Y T S P L E E N S O B O B H
R T U I A E Y I M M M V X R J
U C O D R E D D A L B L L A G
M Y M N L U R C A L F R G I E
Z E Q I G F H C K I W R B N S
S R D G N U L C N I R E L P A
W G W F O R E H E A D G I P D
U T S L S I I E U D P N V T V
O L R G I P H E Q L E I E L I
E T A H O Y S K I N S F R Y P
O B X N S A T L G I M P J R D
```

BRAIN	GALLBLADDER	PANCREAS
CALF	HEART	SKIN
CHEEK	HIP	SPINE
EARS	KIDNEY	SPLEEN
EYELID	LIVER	STOMACH
FINGER	LUNG	TONGUE
FOREHEAD	MOUTH	TRACHEA

21 Verbs

```
Z U Z P E J A Q P I E N S I M
P R S S O B A Q S I U P L R P
A Q T Y I T P N L Q N I S T T
T E E M W I R Q R T K S Q Y O
S A A D L U C K L A W M Z A Z
T Y C H N A Z E O D E I R L S
I U H H A A L I P Q R L P P P
X T E R A L T D N Y S E J R V
F L S Z R N L S E C Q A A O F
P S O P P X G D R E L Y X M V
M F L A C H I E V E C U A I F
U P R L E I I A W R D C D S A
J W T C E C C O N T I N U E U
A R E D Q S R E A D W H U S E
A B D K P K U Q R X T T A U O
```

ACHIEVE	JUMP	RUN
CHANGE	LEARN	SMILE
CLAP	LOSE	SUCCEED
CONTINUE	MEET	TEACH
DREAM	PLAY	UNDERSTAND
HELP	PROMISE	WALK
INCLUDE	READ	WORK

22 African Birds

```
S H Y A L B A T R O S S S A C
Z A W F I L S T R S H I K R A
D M H O A U Y E E P X A S N P
R E I X U E C R V O P O A R E
A R T K Q C O G O X P C B L G
T K E E N R M E L W A O L L A
S O S S I A B Y P J R M U I N
U P T T U N D T N O D M E B N
B P O R Q E U A A T L O B E E
T D R E E S C L I O A N U O T
A S K L L I K S T B W L S H O
E G D I R T R A P E N O T S S
R A P F A L G P Y B R O A D H
G B A T H A W K G A Z N R A T
L P U R P L E H E R O N D G I
```

AFRICAN JACANA	EGYPTIAN PLOVER	SHOEBILL
BAT HAWK	FOX KESTREL	SHY ALBATROSS
BLUE BUSTARD	GREAT BUSTARD	SLATY EGRET
BLUE CRANE	HAMERKOP	SORA
CAPE GANNET	HARLEQUIN QUAIL	STONE PARTRIDGE
COMB DUCK	PURPLE HERON	WALDRAPP
COMMON LOON	SHIKRA	WHITE STORK

23 US National Forests

```
N A R A P A H O F G T O S K X
T A L M S L P I S G A H D G P
A N P O A H C S L B E R S E U
Y A T U C W L T B I G H O R N
N N S N O I E E S E L E G N A
Q T E T V A H P Y N J R S O L
T A T H E M N C P V N O T S I
L H U O G J E G A I R R J R G
S A H O M E L T E L H T A A E
U L C D S B L B F L A C P C I
S A S E O R I L A E I P N E R
E D E L T A V G A A U N A Y O
Q U D L U C L T B A B I A K S
U F C H E R O K E E P S N A R
H T K N L O C N I L E C T X L
```

ALLEGHENY

ANGELES

ANGELINA

APALACHICOLA

ARAPAHO

ASHLEY

BIENVILLE

BIGHORN

CARSON

CHEROKEE

CHIPPEWA

COLVILLE

DELTA

DESCHUTES

GILA

KAIBAB

LINCOLN

MOUNT HOOD

NANTAHALA

PISGAH

TOMBIGBEE

24 Baseball

```
K J R E L L A B E R I F H R A
C Q Y T B R E T T I H L L U P
O E P T B A N J O H I T T E R
L F N I K Y L B A T T E R Y L
C I U R N R T K R A T F R C L
H D R E H C T I P R E W O P A
C S D B W L H U H C P R F S B
T C N M S N K H T E N R S L D
I R A U N P A G I E S I X T E
P E T N E V A S R T S A Q P S
O W I C S M U M T T R B O S
P B H I E Y A L P L A E P P A
K A E G D N O M A I D U R H P
Y L Y A L P T C A T N O C X N
I L T M A E T M R A F M T Y E
```

APPEAL PLAY	CORNERMAN	PERFECT GAME
ASSIST	DIAMOND	PINCH HITTER
BALK	FARM TEAM	PITCH CLOCK
BANJO HITTER	FIREBALLER	POWER PITCHER
BASE HIT	HIT AND RUN	PULL HITTER
BATTERY	MAGIC NUMBER	SAVE
CONTACT PLAY	PASSED BALL	SCREWBALL

25 Crows

```
B H R F F S K G G M Q D S S S
K O O C W O U R D N F N W A Q
B U A O L A R G E B I L L E D
E S N L D R K I K S S P T E S
L E A L I E I C C Z H T I W Q
T R I A P E D S E M J A H P Q
T O R R E S I A N E E A M N F
I L A E R N N J E S W G T J P
L F M D A A A O T A Q L U K I
S A E L A M E R I C A N M Y S
R S O R A J C I H R G D S M J
P A L I R L A T W L R U A R A
T T C T U N R D E I P A L M N
N A B U C V Q O A E P A C P U
N E W P T P A E U L Z M S T E
```

AMERICAN	HAWAIIAN	MARIANA
CAPE	HOODED	PALM
CARRION	HOUSE	PIED
COLLARED	JAMAICAN	PIPING
CUBAN	JUNGLE	SINALOA
FISH	LARGE-BILLED	TORRESIAN
FLORES	LITTLE	WHITE-NECKED

26 Family Guy Episodes

```
B S S R D E I W E T S P A H C
Y O N C E B I T T E N P T M X
I G R O N K O W S B E E S O B
G E R M A N G U Y A B T T O A
O I T A K E A L E T T E R B K
J A I D N I O T D A O R O A I
U N A F H O T S H O T S A D N
N A T U R K E Y G U Y S R P G
G P I L F E H T H C T I W S B
L P Y U G R E M R A F S R I A
E A Y L L S E V I L H T A E D
L D O P T S E V R A H E U L B
O A U O S G N I K E E R H T J
V Y U G N A R E T E V P E X W
E S O W A R R E T E P A E T U
```

AN APP A DAY	GERMAN GUY	ROAD TO INDIA
BAKING BAD	GRONKOWSBEES	SWITCH THE FLIP
BLUE HARVEST	HOT SHOTS	TAKE A LETTER
CHAP STEWIE	IT'S A TRAP!	TEA PETER
DA BOOM	JUNGLE LOVE	THREE KINGS
DEATH LIVES	ONCE BITTEN	TURKEY GUYS
FARMER GUY	PETER'S SISTER	VETERAN GUY

29

27 Justin Bieber

```
B I G G E R L A R R O S E V P
E O T E L T S I M E L B V B M
A H X D C X S L L P R K E R O
U E J D F N Z A F E I T I H O
T P Y R F R A E S X G Z L N A
I E L A D B L D H A H T E R S
F M T O R E A U T I C T B W C
U E C B U P L B P S I R O L F
L V F R M J A E Y M R N I J R
A O P E M P F H E N T I Q K I
X L O V E Y O U R S E L F V E
G D A O R I G H T H E R E C N
U C K X B K B O Y F R I E N D
T T P C O M P A N Y Y R R O S
P L R M Y W O R L D S U O I U
```

BABY	FA LA LA	ONE TIME
BEAUTIFUL	FIRST DANCE	OVERBOARD
BELIEVE	FRIENDS	PRAY
BIGGER	LOVE ME	RICH GIRL
BOYFRIEND	LOVE YOURSELF	RIGHT HERE
COMPANY	MISTLETOE	SORRY
DRUMMER BOY	MY WORLD	WON'T STOP

28 The Environment

```
H V T N O I T U L L O P S W R
S L Z O U A S T E E H S E C I
S B U Z Z P H O T O C E L L S
N I R E W O P R A L O S S I R
I O F O W I N D P O W E R M A
A S E S S L L E C L E U F A C
R P L F O S S I L F U E L T C
D H C T E M P E R A T U R E I
I E Y B I O M A S S Y A H C R
C R C R E N E W A B L E S H T
A E R L E L C Y C N O B R A C
T N E I C I F F E Y G R E N E
A U T A L A M R E H T O E G L
H C A R B O N D I O X I D E E
U K W T U G N I L C Y C E R Z
```

ACID RAIN	ENERGY EFFICIENT	POLLUTION
BIOMASS	FOSSIL FUEL	RECYCLING
BIOSPHERE	FUEL CELLS	RENEWABLES
CARBON CYCLE	GEOTHERMAL	SOLAR POWER
CARBON DIOXIDE	ICE SHEETS	TEMPERATURE
CLIMATE CHANGE	OZONE LAYER	WATER CYCLE
ELECTRIC CARS	PHOTOCELLS	WIND POWER

29 Shoes

```
W A D E R S A N D A L S T X A
P S T I L E T T O S K R N F T
T P S L E E H H G I H E O S C
E O H S M R O F T A L P K S T
N L B L T D G T V R S P D C R
N F R O S O E P Z K G I A E E
I P O A N N O R I K O L A W V
S I G F H E I B B P L S L T A
S L U E W L O S E Y C H G R S
H F E R M O P H A L S P D A O
O L S S T T L P S C K H O I P
E O H S T R U O C Z C N O N T
S E H C A R A U H F Z O A E E
R E I E C T A R D R I A M R S
R O S E H S O L A G B Y J S V
```

ANKLE BOOTS	HIGH HEELS	SANDALS
BROGUES	HUARACHES	SKI BOOTS
CLOGS	JAZZ SHOE	SLIPPERS
COURT SHOE	KITTEN HEEL	STILETTOS
DERBY SHOE	LOAFERS	TENNIS SHOES
FLIP-FLOPS	MOCCASINS	TRAINERS
GALOSHES	PLATFORM SHOE	WADERS

30 Musical Instruments

```
Q O H S J M N F A L O H P Z P
U L A A K M U I N O M R A H C
J K I X V X Y I H T C Z A L C
S I F O W S T E N A T S A C V
T T E P M U R T A O N T L E J
D R O H C I S P R A H F T X L
E A A O O I B A G P I P E S R
I T O N A L V R B X W O U N E
T I K E Y B O A R D F V A E B
M U K I Z Z S C E L E S T A F
T G A T L S H O C Y M B A L S
P I A N O V I O L I N V U O M
M O B O E A M K Z L P T T I U
V Z N L L P W Q J J E B P V R
F B S V I U F A C Z S C X T D
```

BAGPIPES	EUPHONIUM	ORGAN
BASSOON	FLUTE	PIANO
CASTANETS	GUITAR	PICCOLO
CELESTA	HARMONIUM	SAXOPHONE
CELLO	HARPSICHORD	TRUMPET
CYMBALS	KEYBOARD	VIOLA
DRUMS	OBOE	VIOLIN

31 Words Beginning and Ending with 'M'

```
M E D I U M E D O M A Y Y C P
U M X K R U A E K R K Q U C E
S A A P R C M I B V L J H A N
E R U R K I M S O C O R C I M
U O M W G D M X R A I S P Y M
M J M E M O R A N D U M S A E
I R A M T M N T G A O T Y Y C
N A E U V A Y O X N I H M M H
I M B T A L B S M C E W A A A
M W N N S S T O I M E S X G N
T S O E Z G U S L E T L I N I
A S O M E S M E R I S M M U S
Z A M O R M O O R H S U M M M
S F P M M R O W L A E M B U R
O E R N A X U A T A N M T T D
```

MAGNESIUM	MEDIUM	MODICUM
MAGNUM	MEMORANDUM	MOMENTUM
MARJORAM	MESMERISM	MONOGRAM
MAXIM	METABOLISM	MOONBEAM
MAYHEM	MICROCOSM	MUSEUM
MEALWORM	MINIM	MUSHROOM
MECHANISM	MODEM	MYSTICISM

32 Philosophers

```
W L I E E J W R N P A X U R S
D U T Z T H R I F S T E V F P
A R I S T O T L E L M E Q E I
S M A B T A U L K L U L L I N
S E T A R C O S C I A P L I O
C K B E G A P X O M B C E T Z
S U N B S E N T L Y S T S K A
W D L S O D K D D A S R S A X
T S L C V H T R N N U K U N P
H S E T R A C S E D N U R T L
Y U I T A A C G R I P R O J T
Z M M C O O T O T I K D D E P
C A H E M T B X R A M J T R R
R C F B I N O T A L P M U I V
N T E W L U O R S L R J P R O
```

ANSCOMBE	KANT	PLATO
ARENDT	KIERKEGAARD	RAND
ARISTOTLE	LOCKE	RUSSELL
CAMUS	MARX	SARTRE
DESCARTES	MILL	SOCRATES
HOBBES	NUSSBAUM	SPINOZA
HUME	PASCAL	WITTGENSTEIN

33 African Countries

```
R W N D L O N Z H R S G P F U
E R I T R E A P T U E I C J L
G I G S I Q T I D W F H I I S
Y W E N M K U A W F D A B W H
P F R T O I N O A Y N E K L S
T C I E R K I E D G R G A O H
U E A M O A S J N I O H E H R
I L N I C A I N A Z N A T T I
J V A S C B A B G L R N X O T
L T W N O C E P U P G A U S E
S U S U G N C Q L A G E N E S
W E T H I O P I A G L D R L U
T I O N M A L A W I B T F I I
E P B R F J I A S R W A N D A
Z S I P U W O P A B E R U W I
```

ALGERIA	ETHIOPIA	NIGERIA
ANGOLA	GHANA	RWANDA
BENIN	KENYA	SENEGAL
BOTSWANA	LESOTHO	SUDAN
DJIBOUTI	LIBERIA	TANZANIA
EGYPT	MALAWI	TUNISIA
ERITREA	MOROCCO	UGANDA

34 Entertainers

```
U R G P R N U C U T S R V T S
A B B X S R E M R O F R E P U
E F A A U M A G I C I A N G V
M R I L L U S I O N I S T F S
B I E R A L H Y A T Z W R R A
L P M C E N E Y X U T F I O V
Q I J E N E C R P E A G L G A
E A V U A A A I I N Y K O Y C
A N J E G R D T N N O R Q M R
I I E E D G T O E G A T U N O
T S O R S E L I B R A E I A B
T T E R Y T R E S M W C S S A
T R A P E Z E A R T I S T T T
V U R A P P E R D W E L A J F
M P C O M E D I A N W O L C G
```

ACROBAT	FIRE-EATER	MAGICIAN
ARTISTE	GYMNAST	MIME ARTIST
BALANCING ACT	HYPNOTIST	PERFORMER
BALLERINA	ILLUSIONIST	PIANIST
CLOWN	JESTER	RAPPER
COMEDIAN	JUGGLER	TRAPEZE ARTIST
DAREDEVIL	LIMBO DANCER	VENTRILOQUIST

35 Charlie and the Chocolate Factory

```
R R O T A V E L E S S A L G C
O E Z F A C T O R Y C A E O I
A T V F M O M W A O H U V L G
L A F I G N I T K O A G O D A
D C U L R F K L N M R U N E M
D H D M A E E A O P L S S N T
A E G P N C T S W A I T N T A
H W E O D T E A Y L E U E I N
L I R V P I A C L O B S R C U
T N O E A O V U L O U G D K T
E G O R J N E R I M C L L E R
L G M T O E E E W P K O I T O
O U I Y E R T V H A E O H A O
I M X P Y Y U U U S T P C C M
V C O C O A B E A N S S B B X
```

AUGUSTUS GLOOP	FACTORY	NUT ROOM
CHARLIE BUCKET	FUDGE ROOM	OOMPA-LOOMPAS
CHEWING GUM	GLASS ELEVATOR	POVERTY
CHILDREN'S NOVEL	GOLDEN TICKET	ROALD DAHL
CHOCOLATE RIVER	GRANDPA JOE	VERUCA SALT
COCOA BEANS	MAGIC	VIOLET
CONFECTIONERY	MIKE TEAVEE	WILLY WONKA

36 Common Words

```
U A K R B M O H U V A M O N T
N X I Z P W N H O R E V O O M
A G W G D L O E O C U V Y S R
P U R Q D Y A O N I A G A W T
M O L O B H G O H S Z D D H P
S A N S Q U O R D T N N B G R
A B S O K T E I E H U W O Q G
M T I V P E C W A E A O R S O
T G F U R G E J U L D N A W H
V Z H T P I T S L L L S W I U
I I T D U V A S U O U R H T M
S E T I S E V O B A O S I H R
W I L L E W M S X C J C A V
K H A D Y I N E V E R E H T D
K O Z B A T M F Q A H T B R S
```

ABOVE	GIVE	THAT
AGAIN	GOOD	THERE
AND	HAVE	WELL
BECAUSE	HELLO	WHICH
COULD	MOST	WILL
DAY	OVER	WITH
EVEN	SOME	WOULD

37 Frank Sinatra

```
S W O N R O F T S U J U N L O
U O H I A V O S A T S P P P E
M N M A N W O T E H T N O C Y
M K E E R A C D L U O H S I A
E R C T T E M F T R S F I F D
R E V J W H T O S I N G E R Y
W V R I D R I H D R E A M A B
I E Z Y A D D N A T H G I N Y
N N A H G N I W S T E D X C A
D L N W O T S I H T S G E I D
C L O S E T O Y O U U L R S L
T U P J E J L T R A U P I O A
P O U O Y D E V O L I F I F F
P Y E S R E J W E N B P R D E
Q F B N K C A P T A R O T C A
```

ACTOR	IF I LOVED YOU	SINGER
CLOSE TO YOU	JUST FOR NOW	SOMETHIN' STUPID
DAY BY DAY	NEW JERSEY	SUMMER WIND
DREAM	NIGHT AND DAY	SWING
FORGET DOMANI	ON THE TOWN	THAT'S LIFE
FRANCIS	POP	THIS TOWN
I SHOULD CARE	RAT PACK	YOU'LL NEVER KNOW

38 Grammar

```
R U P A C T I V E S N E T T U
K C P R D T C E J B U S V N C
N O O E O S R E O W U A F E L
R M X N S N Z L J B N D F D A
C M X N J X O Y J B U J Z E U
I O A K O U I U X T O E N C S
L N T D M I N I N E N C O E E
B N N A V C T C O K D T L T V
S O Y N T E V I T I N I F N I
K U S I S I R P S I U V I A T
G N V I U O D B E O O E H X A
X E L P I C I T R A P N P G D
R O B R E V L A D O M E P L S
I N T E R J E C T I O N R W P
G J S N O I T A U T C N U P P
```

ACTIVE	CONJUNCTION	PREPOSITION
ADJECTIVE	DATIVE	PRONOUN
ADVERB	INFINITIVE	PUNCTUATION
ANTECEDENT	INTERJECTION	SUBJECT
CLAUSE	MODAL VERB	SUBJUNCTIVE
COMMON NOUN	OBJECT	SYNTAX
COMPOUND NOUN	PARTICIPLE	TENSE

39 Products Found
in Home Stores

```
T T O C F I P I O Q U X X A F
G T H R O W A F O S C A T R M
E B A O S N I A T R U C U A P
H E M C B R N O I H S U C I T
I O R K H I T A L S E T L Q O
D U V E T A I T Y R T L E L G
Z J U R F H N J O E O E B B O
C E T Y W C G D B W Q R E A S
A M R E T E V X E O E Y R H T
P I Y Q G C A N D L E L N I S
A Y I U B P J H I F I R S P M
H R P N O I S I V E L E T T U
R N D I X G U R S K A L R S E
J H P H O T O F R A M E I S K
C J B Z E O S T E F P T B B I
```

CANDLE	DUVET	PILLOW
CHAIR	FAKE FLOWERS	SHEETS
CHANDELIERS	HI-FI	SOFA
CROCKERY	LAMP	TABLE
CURTAINS	MIRROR	TELEVISION
CUSHION	PAINTING	THROW
CUTLERY	PHOTO FRAME	TOWELS

40 Science

```
P H O T O N G N A O A I O V E
O H N E U T R O N P U S T L S
M R O O R G A N I C F Q E S E
P R O T O N V S A A M C S M C
S C N M O A I O R I T L O S R
S K E U Z S T H C R U M P N O
C W P L C T Y R O D E Y W M F
I H T I L L O N L N G H D A Y
T B E S I S E H T O P Y H G B
O A G M C C G U L H J I P N T
B T A O I O M O S C E U S E P
O T P H Y S I C S O A S O T G
R E J T M B T H E T U T I I P
T R L R M P A R T I C L E S E
Z Y O I J A I X Y M Q Q L M E
```

BATTERY

BIOLOGY

CELLS

CHEMISTRY

ELECTRON

FORCES

GRAVITY

HYPOTHESIS

MAGNETISM

MICROSCOPE

MITOCHONDRIA

MOMENTUM

NEUTRON

NUCLEUS

ORGANIC

PARTICLES

PHOTON

PHOTOSYNTHESIS

PHYSICS

PROTON

ROBOTICS

41 US State Nicknames

```
C O N S T I T U T I O N Y A S
H F B H M A G N O L I A U T G
N A R M Z S K E D J J A F R D
E L W R Y Z U D E N I I E E E
D O O K P P O N G R C A P V I
R H I A E M P E F O T A N L R
A A O X I Y T A O L L E W I U
G R A N I T E R A M O D N S K
L A I N N E T N E C U W E I A
S O O N E R D T X A H A E N P
N O R T H S T A R C S D C R E
H U S A J O N I A T N U O M T
E Y E K C U B E U B Q Z R A U
V L U A R A P P R A I R I E L
L M B R J S O I Q T S U E M P
```

ALOHA	GREAT LAND	PEACH
BUCKEYE	HAWKEYE	PINE TREE
CENTENNIAL	MAGNOLIA	PRAIRIE
CONSTITUTION	MOUNTAIN	SILVER
GARDEN	NORTH STAR	SOONER
GOLDEN	OLD DOMINION	SUNFLOWER
GRANITE	PALMETTO	TREASURE

42 'G' Cities

```
O Q G L E N D A L E W B Y N U
E A A O Q J A M Z K W A S L A
K O Z O L G U A D A L U P E N
E O A G O D O G W O G S A L G
F B C U R S C T N X A R E A W
T A I W U E N O H O R F N R A
T T T A G N N Y A E L G S Y N
T T Y H Y O R O B S N E E R G
N M J A U R U J B E T B E L J
E Z E T M O O V U L G W U G U
H F R I R B U N D C E X Y R M
G D Y N I A G Y A B N E E R G
H V O S E G A T I N E A U U I
R I P T I I R W E M V N O J Z
I K V W A I H S G D A N S K A
```

GABORONE	GENEVA	GREEN BAY
GANGNEUNG	GHENT	GREENSBORO
GATINEAU	GIZA	GRENOBLE
GAZA CITY	GLASGOW	GUADALUPE
GDANSK	GLENDALE	GUWAHATI
GDYNIA	GOLD COAST	GWANGJU
GEELONG	GOTHENBURG	GYUMRI

43 Archery

```
O D K T U C O R U R E C A R B
P I Y P Q T O E R P E V A T S
T U T X F P U S L T S Y I S N
G N I W A R D S D E P H W N M
T N I O P G N I K C O N O O O
N I I O S R F K R E C H B T B
I B E R P I Q U I V E R S S H
O Y U E B N S U F S O E S E U
P P E L N M I C A A R H O R A
R L I E L I U K D R B T R C H
O G R A W S P H D C R A C L E
H A A S O O E S T O T E C P Y
C P X E V A R Y J S B F L K X
N D M N D G H R E K C I L C T
A K A U L Q R T A A R R S R D
```

ANCHOR POINT	CLICKER	QUARREL
ARROW	CREST	QUIVER
BODKIN POINT	CROSSBOW	RELEASE
BOWYER	DRAWING	SPINE
BRACER	FEATHER	STAVE
BROADHEAD	KISSER	THUMB RING
BULLSEYE	NOCKING POINT	UPSHOT

44 French Surnames

```
K D I A J F V F M R U A Y M O
I Y A S M D N A R U D R A R F
O O T V I I S O A V G Q L L E
P L N F I S C E R I A M E L A
I G E L O D O Q M N I T R A M
D I R N L U N O S C V N O W E
W R U E Q Y R A L E L O Y P G
R A A A I E C N R N S H J O N
A U L N A C U Y I T T Q R I P
R D T U R P R R M E R O U X D
R K U D L E F E B V R E P U C
U D M T R T B N M S R I B S N
A I V W M I E A O V R O C H E
Q L T K I T M R A M I C H E L
B Z Z G P L P D U S Q Z G S H
```

BERNARD	LAURENT	MICHEL
BERTRAND	LEFEBVRE	MOREAU
DAVID	LEMAIRE	PETIT
DUBOIS	LEROY	RENARD
DURAND	MARTIN	ROCHE
FOURNIER	MASSON	ROUX
GIRAUD	MERCIER	VINCENT

45 Numbers

```
T A U I N J S O F S Z G N D C
O S L P R V E O A U T R Z T P
N D S L A B S A W J O W L J K
T B Y Z X C M I Y T F I F H R
D T X N N A T D T H R E E W U
L J D B O J M N R P L I O O R
T X T K I I R A I H B I D Z E
O Z H S L I L S H Q E D R T L
B E G L L N I U T Y F U C M M
K R I P I X N O G I R E R S L
H O E N B D T H F Z Z Y A T R
N E E T R I H T R V H K D U T
Y T N E W T E V I F O U R E B
Y Z D T W E L V E N O E S V D
S E V E N E V E L E U B D G Y
```

BILLION	HUNDRED	THIRTY
EIGHT	MILLION	THOUSAND
ELEVEN	NINETY	THREE
FIFTEEN	ONE	TWELVE
FIFTY	SEVEN	TWENTY
FIVE	SIX	TWO
FOUR	THIRTEEN	ZERO

46 Figure Skating

```
S P M M T T C P U L K N I R T
N I P S N N A M L L E I B Z M
I L S A R T N U O A S P E S T
P F C L U P T J O R S S S A S
S K O C T Z I Y P I A K T J X
L C R H R N L L J P H C I H I
E A I O E O E F U S C A S S O
M B N W T I V R M H D B Q J D
A Z G D N S E E P T E Y U P L
C S I H U N R T U A S A A T L
T I K S O E U T R E S L T R E
U T J A C T L U A D O I I G Q
E C X V T X A B R M R A D F B
T E L F R E E D A N C E G Y T
L U V M Y Y S L G U U A F Q L
```

AXEL	COUNTER TURN	LIFT
BACKFLIP	CROSSED CHASSE	LOOP JUMP
BESTI SQUAT	DEATH SPIRAL	LUTZ
BIELLMANN SPIN	EDGE	RINK
BUTTERFLY JUMP	EXTENSION	SALCHOW
CAMEL SPIN	FREE DANCE	SCORING
CANTILEVER	LAYBACK SPIN	SKATES

47 Around Florida

```
E L J L L I H R E D U A L K W
L P D V Z C C O D N A L R O P
L F O R T L A U D E R D A L E
I U P Q H T E E L E S M S M
V U D O S A B U U E H I T C B
N L N E M M U S R A P M L R
O A A A Q P L S U M E P I E O
S R L N Y A A U I T L A R A K
K O E O G H P N E T A L A R E
C C K T A A T R O P I M M W P
A E A L K R S I L B H C A A I
J P L E D B E S O K E O R T N
C A I D U K W E E L W A P E E
T C S R E Y M T R O F S C R S
P M G T Y N O T S E W T P H K
```

CAPE CORAL	LAKELAND	POMPANO BEACH
CLEARWATER	LAUDERHILL	ST. PETERSBURG
DELTONA	MIAMI	SUNRISE
FORT LAUDERDALE	MIRAMAR	TALLAHASSEE
FORT MYERS	ORLANDO	TAMPA
HIALEAH	PALM COAST	WEST PALM BEACH
JACKSONVILLE	PEMBROKE PINES	WESTON

48 Composers

```
P Z A P L S P R B E R L I O Z
E L W K I U T L J M Q I Z P M
X L E Z N R T R A Z O M P N P
K Z G E X I C H O P I N L E T
O V R A P B L R E Z S C C T Z
D S G S R E N G A W Z Y U T A
R A E A R O P R O S S I N I U
R A H P T A U O W S B N S R T
Z M L O Q V R R U E E I V B W
S O E T H E C B T S A C P F E
Z T P X I R E I N I C C A C A
G W A O W D L Z O L H U E F S
E T W T A I L E I L Q P A I M
A A T L I S Z T K A R O V D M
R T F Q O D J E R T J S A I B
```

BEACH	DEBUSSY	PUCCINI
BERLIOZ	DVORAK	PURCELL
BIZET	ELGAR	ROSSINI
BRAHMS	GLINKA	STROZZI
BRITTEN	LISZT	TALLIS
CACCINI	MAHLER	VERDI
CHOPIN	MOZART	WAGNER

49 Safety Equipment

```
L K K N E E P A D S B U I Y C
M W L I A R D R A U G S M P E
O H O A F H K C O L E D T N G
U I A T J W E Y A L T H O R N
T S B R P M A L G N I N I M O
H T U U N N C G M M E T H S W
G L A C C E O D B E I E R A U
U E C Y Q G S L T M T K E F M
A Q A T T R E S H H S C I E L
R I A E N O C C I F F A R T D
D L U F Z K A N E M L J R Y L
S K S A M N E G Y X O E A N S
O F U S E A T B E L T F B E X
H M X R M R A L A E R I F T C
B B A O P R P Z Q T S L U L O
```

BARRIER	HELMET	OXYGEN MASK
BUOYANCY AID	HORN	SAFETY CURTAIN
FIRE ALARM	KNEE PADS	SAFETY NET
FUSE	LIFE JACKET	SEAT BELT
GOGGLES	LOCK	THIMBLE
GUARD RAIL	MINING LAMP	TRAFFIC CONE
HARNESS	MOUTHGUARD	WHISTLE

50 Words Containing 'Hat'

```
I  S  L  G  S  F  A  R  Q  D  D  O  Z  E  C
M  H  X  E  Y  R  I  O  X  G  N  E  T  L  H
C  A  N  A  T  A  Z  M  W  N  A  T  M  U  A
T  T  R  N  E  T  W  P  T  I  B  A  N  F  T
U  T  A  H  C  N  I  H  W  H  T  H  H  T  T
Y  E  M  P  H  A  T  I  C  C  A  P  U  A  E
O  R  S  O  M  E  W  H  A  T  H  S  L  H  L
P  E  O  R  E  M  D  E  C  A  A  O  S  Y  E
U  U  A  U  I  M  S  H  X  H  L  H  M  P  F
H  A  T  R  E  D  E  L  R  T  L  P  G  P  I
Y  A  E  W  V  D  O  R  T  E  H  C  T  A  H
D  C  I  T  A  H  P  I  L  A  P  Z  P  F  R
R  J  T  E  A  W  H  A  T  S  O  E  V  E  R
T  O  N  T  A  H  W  I  S  O  C  A  A  G  N
O  G  N  I  L  H  C  T  A  H  T  U  N  L  D
```

ALIPHATIC	HATCHLING	SHATTER
CHATEAU	HATCHWAY	SOMEWHAT
CHATTEL	HATFUL	THATCHING
EMPHATIC	HATRED	UNHATCHED
GHAT	LYMPHATIC	WHATNOT
HATBAND	NUTHATCH	WHATSOEVER
HATCHET	PHOSPHATE	WHINCHAT

51 Argentina

```
N P O S A D A S O M R O F R N
V A D A E Z C F E J K R T S L
O U A N P T O L R E M R W P F
E S Q R R A N D I C U R R G Z
F T O A B P C E N Y P M Z U Q
A A O F E U O A I E I N U U X
T L A A R M R I T R M G I U U
N S E E N O D T R A R L K Q O
A A D L A R I O J A M O J E L
S P U P L E A I N E S A C E A
E M G J H N F C S M B O R Z P
D A P H N O H L P C J R R C L
N P I T S A C O N C A G U A A
A S T A C P S M E Q D Y R T T
Y B P O J I V U B S S A L T A
```

ACONCAGUA	GRAN CHACO	POSADAS
ANDES	LA PLATA	QUILMES
BERNAL	LA RIOJA	ROSARIO
CATAMARCA	MENDOZA	SALTA
CONCORDIA	MERLO	SAN JUAN
CORRIENTES	MORENO	SAN RAFAEL
FORMOSA	PAMPAS	SANTA FE

52 Saints

```
R N W A N D R E W P P N K W S
L S A H T I I T R A A A C L E
G V U T T V A L E N T I N E R
N T C A S B U R H C R T I O O
Y R T G R N G N P R I S C N E
L M O A G R U R O A C A H A O
N G H K E U S D T S K B O R D
Z A J G O P T L S S I E L D A
M B O I R E I Q I W D S A I U
V R S X G R N L R N T I S I B
Y I E J E T E G H P S A V F S
S E P Y T M L T C T N L H A E
A L H S H R Z R E N T B S K D
T O X T S P B W E P E C I O T
I D T P N L M Z S T O S R A S
```

ABRAHAM	DAVID	NICHOLAS
AGATHA	DUNSTAN	PANCRAS
ANDREW	GABRIEL	PATRICK
ANNE	GEORGE	PETER
AUGUSTINE	GREGORY	RUPERT
BLAISE	JOSEPH	SEBASTIAN
CHRISTOPHER	LEONARD	VALENTINE

53 British Cheeses

```
E U Q C A B O C R A D D E H C
F A R L E I G H W A L L O P H
P C B E E N L E I G H B L U E
R P O H S I B G N I K N I T S
E O W R T B I D U N L O P P H
T A S E N L E T S S R G C O I
S D D D N I T R T U V A O U R
E E O T N S S I K B I R T L E
H V V R V I L H Y S T D S S N
C O E P J T W E P R W D W G R
N N D O O L A D Y E V E O G G
O B A N S Y B R E D P R L B A
B L L E F K C I L R A P D L I
L U E R I H S A C N A L E A N
T E R E D L E I C E S T E R R
```

BEENLEIGH BLUE	COTSWOLD	PARLICK FELL
BERKSWELL	DERBY	RED DRAGON
BONCHESTER	DEVON BLUE	RED LEICESTER
CABOC	DOVEDALE	RED WINDSOR
CHEDDAR	DUNLOP	STILTON
CHESHIRE	FARLEIGH WALLOP	STINKING BISHOP
CORNISH PEPPER	LANCASHIRE	WENSLEYDALE

54 Time

```
A U E L A P S E D U R M P M T
A O S K P R T L X S D P R I T
D E C A D E A Q M S E C O N D
Y X A R Y S F T O U P H O U R
U G I U G E T E R N I T Y T F
Z S O L O N E T N D N C M E Q
F S I L L T R K I I O U R M E
P U E Y O P N H N A I A I N G
E A T R N R O O G L S S N O L
S F S U O N O R H C N Y S F X
R I M T R F N H L E E E T I Q
L V Y N H E E O R A M A A O Y
S O C E C T C B S C I E N P A
W A T C H K P A U X D S T S K
D O R O P W F J A V U T R G P
```

AFTERNOON	ELAPSED	MORNING
BEFORE	ETERNITY	PAST
CENTURY	FUTURE	PRESENT
CHRONOLOGY	HOROLOGY	SECOND
CLOCK	HOUR	SUNDIAL
DECADE	INSTANT	SYNCHRONOUS
DIMENSION	MINUTE	WATCH

55 Shades of Purple

```
S O R C H I D B X R T A L E Q
O I G H D R E I T Y Y Y I V M
P E R I W I N K L E G V L J L
L P L I D U O A T N E G A M R
U O Z P A N U V Z Q P T C U T
M R M A R D I G R A S F H L M
P T E U G U D U L G A T A B B
A O L E I U P A A N E V M E C
Q I T R M T T N D T E G E R T
S L S P P I N A A N A S T R S
Q E I H N C N A D I X U H Y R
Q H H A C G N E Z C R Q Y P M
A D T W O U R P N Y S Y S F S
W E V U A M F R M C B O T U J
E D H A Q T W I S T E R I A F
```

AMETHYST	IRIS	ORCHID
BYZANTIUM	LAVENDER	PALATINATE
EMINENCE	LILAC	PERIWINKLE
FANDANGO	MAGENTA	PLUM
FUCHSIA	MARDI GRAS	THISTLE
HELIOTROPE	MAUVE	TYRIAN PURPLE
INDIGO	MULBERRY	WISTERIA

56 Animal Homes

```
L Y R C P R T W E R S K L O T
A U P W Z C J L R U I O B U N
F R R L R H C T J M G E K D Q
R H D H V L B T U B C G L G A
V E T L O I S T Z J M C R L
L A I R I D D O E B A Z K A P
E M B O A G Z O A Q U S C S X
N E U I M E Y R I E A U U E M
N I R I G L N E D A H D W V L
E A R R R B I E V A C X B I O
K C O D D A P I G S T Y T H A
M V W N X T N E S T U N O N N
E M Z U S S R A R F H L E E K
T D A O B I W A R R E N I G Z
B Y X M L L A A A T I B N S O
```

BARN	HIVE	NEST
BURROW	HOLE	PADDOCK
CAVE	HUTCH	PIGSTY
DEN	KENNEL	RANARIUM
EARTH	LAIR	ROOST
EYRIE	LODGE	STABLE
GROVE	MOUND	WARREN

57 Found on a Bank Statement

```
S S T I B E D F R W R C A A U
Z J I B I N C O M E A C S P E
K Y D M A P O B D S C R F S U
Y I E I O L A W H O A E J X T
R N R E A N A D U H R B O A R
A T C U K P E N R A D M V L T
M E W F C P T Y C X P U E A C
M R E S O N G S I E A N R W D
U E P S A E F Q E N Y T D A E
S S I M X T M U W R M C R R L
T T E S O R T C O D E A A D V
T R A N S A C T I O N T W H D
P A G E N U M B E R T N N T I
V T U O Y E N O M A S O V I Z
R E B M U N T N U O C C A W P
```

ACCOUNT NAME	CREDIT	OVERDRAWN
ACCOUNT NUMBER	DEBIT	PAGE NUMBER
BALANCE	INCOME	SORT CODE
BANK FEES	INTEREST PAID	SUMMARY
CARD PAYMENT	INTEREST RATE	TAX
CASH DEPOSIT	MONEY IN	TRANSACTION
CONTACT NUMBER	MONEY OUT	WITHDRAWAL

58 Volleyball

```
U L H W U A T T A C K C O L B
S R B Y P S H G Q L T P D G I
R E S O B S U A P I R C R P P
A T F E D I N K N N S M A M T
S A E R T S E V R E S P M U J
O O R E T T I H N S C A I B U
O L A U R V E R Q H J N S K P
N F L I P P E R O O R C O Q E
C L F B Z D U P T T A U S U
I Q U I C K S E T E D K E R N
Z N D A L H O P A L R E V O K
O N R J O U S T B M C S C R Q
B D X T O H S T U C I N D O S
H E Z C O R T H Y K V T A I Y
R E R V E R D H J S X R C U X
```

ASSIST	DINK	LINE SHOT
ATTACK	FLARE	OVERLAP
BLOCK	FLIPPER	PANCAKE
BUMP	FLOATER	QUICK SET
CHOP SHOT	HITTER	RED CARD
CUT SHOT	JOUST	SETTER
DECOY	JUMP SERVE	SPIKE

59 World Chess Champions

```
T X V O L S Y M S L O A A W S
C L T K Q P E M R G K S N C X
T F V K I N M A R K I I A I E
F U J O C U U S H E N I N A R
M E C H I B U R D A N I D Z E
J V I C A R L S E N I I W W H
L K K A S P A R O V V Y U U C
T K K S Y I S M E P T E Z V S
L R R J V K C T O I O A T O I
E P E T R O S I A N B L L P F
A O V K Z N L S T U O H G R R
A T L K S I M A A K N P Y A J
I L S A S A E Y P P F T T K R
O L O U H L L L A O S P O E J
R S F A H Q G G T E T D F N L
```

ANAND	KARPOV	PONOMARIOV
BOTVINNIK	KASPAROV	SMYSLOV
CARLSEN	KRAMNIK	SPASSKY
CHIBURDANIDZE	LASKER	STAUNTON
EUWE	MENCHIK	TAL
FISCHER	PETROSIAN	TOPALOV
HOU	POLGAR	USHENINA

60 US Rivers

```
X R U T P O T O M A C L S T S
P B I B U D T C U Q R Y M L T
I R R R T A U K X X S A S L T
U A P R U R B N O R R A M I C
L Z I E N O T S W O L L E Y L
O O N L N L S U O W T S S A S
S S E N I O M S E D N E R M J
T A M E A C K Q I A U K N F M
I B T N I L F U K M A B T A I
U I E A P E Y E Y N I S M P Y
D N U P A J A H S U U L T E I
A E O T N E M A R C A S K T E
Q V H Q E A S N U X P D U L Y
I E Q N A G A N A K O S I C S
R O R I O G R A N D E T I H W
```

ARKANSAS

BRAZOS

CIMARRON

COLORADO

DES MOINES

EMBUDO

FEATHER

FLINT

KOOTENAY

MILK

MISSOURI

OKANAGAN

POTOMAC

RIO GRANDE

SABINE

SACRAMENTO

SNAKE

SUSQUEHANNA

WHITE

YELLOWSTONE

YUKON

61 'A' Name for a Girl

```
A N A I R D A T D S W W N E A
I D D B U H P I A S B P R H S
S A E T L F U A W L P L S R S
L L L L X A T T S P E I N N A
I I E E I T R A A S A W L N W
N C A B X N A T Z F G D N T O
G E S G W A E I R P H A U X B
N A M Y I Y S I X E L A T W G
P G L L T B C V M H S V A J A
H A Y I L A A J T E M A B F U
S T K H C D P G A I I T P Y S
U H R Z N I A R N O O M T A J
C A U A L M A L I E V B H F W
A R M R D T T U H L S M L T Q
A A O O U M R T H E D O I A K
```

AALIYAH	AGNES	ALICIA
ABIGAIL	AISHA	AMANDA
ADELE	AISLING	AMY
ADELINE	ALBA	ANNA
ADRIANA	ALEXA	ANNIE
AFRICA	ALEXIS	APRIL
AGATHA	ALICE	AVA

62 Fear

```
Q S S E N I S A E N U U B E W
R F S I X A L U J X O I U C A
F O R E B O D I N G U V E S N
C S P A N I C S T S P S T E X
L N I T D S S E N I R A C S I
V S R R E V U L S I O N C L E
H D E E A K C O L D S W E A T
E A A P C G V B V A W O R R Y
D N O I S N E H E R P P A I T
Y A F D R N O I S R E V A F T
S A L A R M D C U T U N R A L
O A L T E R R O R T G I W L S
L X D I S T R E S S G C P I F
A Y H O R R O R T H T T A V T
F V A N O I T A T I G A U I U
```

AGITATION	CONCERN	PANIC
ALARM	DISTRESS	REVULSION
ANGST	DREAD	SCARINESS
ANXIETY	FOREBODING	TERROR
APPREHENSION	FRIGHT	TREPIDATION
AVERSION	HORROR	UNEASINESS
COLD SWEAT	NERVOUSNESS	WORRY

63 Wimbledon Champions

```
Y  I  B  M  U  R  R  A  Y  I  D  C  A  T  D
S  D  U  R  I  N  A  E  S  R  B  R  R  O  L
I  H  T  V  M  C  E  N  R  O  E  E  X  J  U
S  S  U  P  R  T  O  W  R  E  V  K  T  I  X
S  A  D  C  E  N  I  G  C  E  D  C  W  O  R
A  C  R  F  O  I  V  L  E  O  O  E  R  E  S
G  A  R  P  T  N  A  R  A  C  M  B  F  T  A
A  G  Z  W  M  T  N  Z  R  V  S  B  Y  O  R
U  R  R  L  Q  A  I  O  U  S  E  T  E  W  O
S  E  Z  K  A  A  S  W  R  R  R  R  I  U  L
Y  B  U  Y  P  V  E  E  E  S  U  B  T  C  J
S  D  J  O  K  O  V  I  C  H  A  G  R  M  H
V  E  A  V  O  T  I  V  K  U  M  T  U  M  Z
O  Z  R  V  K  E  C  I  J  A  R  K  Z  M  L
D  Y  D  A  L  S  F  M  T  Z  O  B  R  T  V
```

AGASSI	EVERT	MAURESMO
BECKER	FEDERER	MCENROE
BORG	HEWITT	MUGURUZA
CASH	IVANISEVIC	MURRAY
CONNORS	KRAJICEK	NEWCOMBE
DJOKOVIC	KVITOVA	SAMPRAS
EDBERG	LAVER	STICH

64 Types of Shark

```
B O T D R H C G S X R U J H J
R A B D N A S E V A A W F I Q
T E S N A S V X P Q O D U L T
S S P K O O B M A B N F R P S
U R F A I U S L B B I G O Y R
X U I H U N U E A N Z N R G R
S N E X T L G H E C I U U M A
T H G I N O E T D F K L D Y H
L A Z H N N O T E E P N U C L
B R F G G O A T T E L R O W T
N D D S T P I T R E V L I S S
U N A H B K B R O A D F I N E
C O O K I E C U T T E R U R T
P S P I N N E R T O F P Z A F
Y E L B M A R B P T D U S K Y
```

BAMBOO	EPAULETTE	NURSE
BASKING	FINETOOTH	PYGMY
BLACKNOSE	FRILLED	SANDBAR
BRAMBLE	GULPER	SILVERTIP
BROADFIN	HARDNOSE	SPEARTOOTH
COOKIECUTTER	KITEFIN	SPINNER
DUSKY	NIGHT	WOBBEGONG

65 Taylor Swift Songs

```
T N S U O E G R O G M C N L G
S I E U S T P T Y N H B E M T
S C P P F P A F E A R L E S S
F E W G O O I U N T N A T M Q
F A M U G S H G A E N N F I S
O S U I T I E T W T U K I N Z
T H E S T O R Y O F U S F I F
I G A O P T E L E B U P U A U
E R N F G A S L A S T A O G R
K E U O R T R A Y T O C V A Z
A I M S S R I K L T H E Y N P
H Z D I U R A O S E S O L I U
S A R O N G U L S F H D M G X
Y R O T S E V O L M L T B E X
J C V O Y E I S S A W Y Q B H
```

BEGIN AGAIN	FIFTEEN	OUR SONG
BLANK SPACE	GIRL AT HOME	SHAKE IT OFF
BOTH OF US	GORGEOUS	SO IT GOES...
CHANGE	LOVE STORY	SPARKS FLY
CRAZIER	MEAN	STYLE
EYES OPEN	MINE	THE LAST TIME
FEARLESS	NEW YEAR'S DAY	THE STORY OF US

66 On Facebook

```
U L C Y C A V I R P T O I S A
M A O Y D D G D Y Y S R P Y U
B S N P L V U P P H L E I U J
E I O O G E R A H S L R I R A
L S I N I R T T A Y Z U C T F
T L T S O T O H P R R B O G O
T A A I A I P U C O S A W C R
G L C W M S T I P T L O F O T
V S I N P E O A R S L I R M A
T L F R A M L E C C U A K M V
L K I B G E A I D O S T T E I
R T T K E N B H N I L B A N E
Q A O N S T N E V E V D U T W
U T N A O S K F R I E N D S S
V O T E R P P I G C O G I L A
```

ADVERTISEMENTS

COMMENTS

EVENTS

FRIENDS

GROUPS

LIKE

LOCATION

NOTIFICATION

PAGES

PHOTOS

POST

PRIVACY

SHARE

STATUS

STORY

SUBSCRIPTION

TAG

TIMELINE

VIDEOS

VIEWS

WALL

67 Ariana Grande Songs

```
P B L M L R A L L M Y L O V E
L E P O P U L A R S O N G L E
E S E E V H X K U V T A H I R
R T D M N I M A E R D Y A D F
E M I Y M O N M M J I A S A K
H I S E T H E I I N Y D J A A
T S O V M H L A T P B Y B Z E
T T T E A P E O T P A R A Y R
H A E R Z R Y W S R B E N B B
G K D Y O O R Z A R Z V G A L
I E I T U B T O L Y T E B B S
R C S H J L Y N E A T T A Y P
M E B I A E H A N D S O N M E
A Q I N U M W I O T O V G E I
K R J G Y E J P Y O L L G B A
```

ALL MY LOVE	EVERYDAY	PIANO
BABY I	HANDS ON ME	POPULAR SONG
BANG BANG	INTO YOU	PROBLEM
BE MY BABY	LOVE ME HARDER	RIGHT THERE
BEST MISTAKE	LOVIN' IT	SIDE TO SIDE
BREAK FREE	MY EVERYTHING	THE WAY
DAYDREAMIN'	ONE LAST TIME	WHY TRY

68 Famous Paintings

```
A B T H E N I G H T W A T C H
B M E D U S A N I N E M S A L
L N O D I P U C T H E K I S S
U A C I N R E U G O A T R B S
E G A L L I V E H T D N A I K
D O O M G N I N E V E O T A W
A M E R I C A N G O T H I C A
N I A W Y A H E H T A Z U C H
C T H E S T A R R Y N I G H T
E S U E M R O D A L X P D Q H
R P U T H E S C R E A M L A G
S E S I R I A S I L A N O M I
T R E V E L L I F E N U E J N
W H I S T L E R S M O T H E R
R E P P U S T S A L E H T L A
```

AMERICAN GOTHIC

BLUE DANCERS

CUPIDON

EVENING MOOD

GUERNICA

I AND THE VILLAGE

IRISES

JEUNE FILLE VERT

LA DORMEUSE

LAS MENINAS

MEDUSA

MONA LISA

NIGHTHAWKS

THE HAY WAIN

THE KISS

THE LAST SUPPER

THE NIGHT WATCH

THE OLD GUITARIST

THE SCREAM

THE STARRY NIGHT

WHISTLER'S MOTHER

69 Minor Planets

```
N I B A R O Q V S A T I D C S
A A S E R E C D U T A S Z S K
A I J S A P P H O A Z D D H I
I P T A I T S E H R C D L O A
W A P I L T R O L Y I H N T J
R S R A J G U I N E Y S S O T
I A A R L P A A X U M A D T H
F R N I L E Q I A G J E T H S
O S E A O N S N N E E G S Y W
E S L D I V R I T N W L L R P
L M E N X D R G H I Q V E A T
A P H E S P E R I A I D Y L T
A L A S W U Q I P A L L A S R
X T Y I R R Z V P N B L C P F
S A A K A H T R E B X O B U F
```

AGLAJA	EUGENIA	PALLAS
ARIADNE	HELENA	SAPPHO
BEATRIX	HESPERIA	SEMELE
BERTHA	HESTIA	SYLVIA
CERES	JUNO	THYRA
DIANA	LYDIA	VIRGINIA
DORIS	PALES	XANTHIPPE

70 'In' Words

```
A N I N V A S I O N R A E O Z
Y O O N E E Z L A R G E T N I
X I I I C L A I N S U L A T E
S S N W S R I A F I H B C L N
E U S S T R E T N L A U I I O
I L E L T N E D N E P E D N I
A C R L S I E V U A V O N V T
C N T M B N P T O L F L I A N
X I T O T I F E S R O N B R E
I P S A Q T D O M I T U I I V
M R O F N I P E R D S N S A N
P Q E C N A T I R E H N I B I
P N T N A T S N I C S S I L L
P W R E N E V R E T N I X E U
F U W E T A C I R T N I S I T
```

INCLUSION	INFORM	INTEGRAL
INCREDIBLE	INHERITANCE	INTERVENE
INCREDULOUS	INITIATE	INTRICATE
INDENT	INSERT	INTROVERSION
INDEPENDENT	INSISTENT	INVARIABLE
INDICATE	INSTANT	INVASION
INFANTILE	INSULATE	INVENTION

71 Jobs

```
X R P T U P A U U R J U E U M
K B U T C H E R E O A L L O P
D O C T O R M A U C B R D H S
L K M L N A P R C R O E O T R
U S T P S L N O H O L T A D O
V T P O U A U T E V O S P I T
T N X M L N B C F G T I B R A
N L B I T I C A R P E N T E R
M E S A A Q P A K T O I T C O
R T N N N K P R S E C M I T C
W T R E T H G I F E R I F O E
C S E L E C T R I C I A N R D
A T X R E N G I S E D B E W T
B A N K E R T P D N Z H F F M
T R W D S S H I R B I H E I T
```

ACCOUNTANT	CONSULTANT	JOURNALIST
ACTOR	DECORATOR	MINISTER
BAKER	DENTIST	MODEL
BANKER	DIRECTOR	PHOTOGRAPHER
BUTCHER	DOCTOR	PILOT
CARPENTER	ELECTRICIAN	PLUMBER
CHEF	FIREFIGHTER	WEB DESIGNER

72 Styles of Music

```
P B L Y D S Y E J L M S S J A
R N V R T E C H N O P E R A K
U B R A I S K K L O F G A Z D
N M D R O G K L S W I O C Z B
J Y R L T A C A L Y P S O L A
N G A O U L M M U F A P U Z A
U A O I S B Q B N U F E N F I
V N D O A W J I R I S L T O M
V S F E W R E E E G N U R G U
R U R E S J U N G L E D Y T N
L M A A S S K T G O C S I D I
L G A A H S P F A T N O C E B
I C O K H O U S E F A U U S T
I S O B R N U B J A R L T I I
R G A J K A Q O A A T Y B N F
```

AMBIENT	FUSION	OPERA
BLUES	GOSPEL	REGGAE
CALYPSO	GRUNGE	SAMBA
COUNTRY	HOUSE	SKA
DISCO	INDIE	SOUL
FOLK	JAZZ	TECHNO
FUNK	JUNGLE	TRANCE

73 Goat Breeds

```
L S I T E V O R S V I A T A S
A G B R V S D N J V E R A T A
M N M H I E E O K I N D E R Q
A E G A A S H T A J J S A B P
N A N L J P H I L I P P I N E
C F A A O G K A A A A R E A
H A I J D N R X H W M N A T C
A C L E B A U E A S P I Y R O
D E E H L C B B R A R S O M C
R T H U R I N G I A N H J P K
A I A T S B E J R A F U Y A R
S P S N U O G Q E A N G O R A
L A N R E R G V D Z M M L A C
E E Z T K O O S O Y C T W W M
K T V R S K T G N P U R A H S
```

ANGLO-NUBIAN

ANGORA

ARAPAWA

DON

IRISH

KALAHARI RED

KINDER

LA MANCHA

MAJORERA

MALTESE

OROBICA

PEACOCK

PHILIPPINE

PYGMY

ROVE

SAHELIAN

SARDA

SPANISH

THURINGIAN

TOGGENBURG

VERATA

74 Describing Shape and Size

```
D H B V J M J M J E P T K B H
I E O E A T Q S R S V E P M H
M G B U C S B U L K Y H T J T
I R M F L E T I N Y T E R R C
N A U T N A G R A G J S U Q F
U L J L I H S D E L P M A B S
T M C N T I F S N P T E O H C
I I I K G K D P O U J A M F W
V M T N P P H A R L O D U A K
E B N A U E U C M S O R N S D
L C A S N T G I O R L C J B S
T C G A P I E O U E P O T T Q
T X I W Z T C U S D I P Z A B
I B G R O E Q S U S T O Z E I
L L A M S L I B C S G Y O G L
```

AMPLE	HUGE	ROUND
BULKY	JUMBO	SLIGHT
COLOSSAL	LARGE	SMALL
DIMINUTIVE	LITTLE	SPACIOUS
ENORMOUS	MINIATURE	TINY
GARGANTUAN	MINUTE	TITANIC
GIGANTIC	PETITE	VAST

75 Scottish Lochs

```
I I T M T T L S B L A C K T I
U W D K A N E S S S R A S N S
E E W R R R V T S I T R O E Q
I L Y Y K J E M O R T O N T P
O D A R A A N E I A N A M R Z
T S W D I U L N R N E T T A W
C A L Z G A E Y L N S K A G O
O D O I E I F O K O Y A R W C
A L C M T J M B C C C A E R P
S F H A F O L A Z H I K X R P
C C Y T N W S Q A L S R H I U
A E R D D C F L T P L X T U N
V R G K O L L U M E G L X T O
E Z P I P O T T U U S A T S E
N I H S H M N O W W Q S E K Q
```

ABOYNE	GARTEN	MORTON
ACHALL	KATRINE	NESS
ARKAIG	LEVEN	RANNOCH
BLACK	LOCHY	SCAVEN
DOON	LOMOND	SHIN
ETTRICK	MAREE	VEYATIE
FAIRY	MIGDALE	WATTEN

76 Adverbs

```
M T O S H G F T A A N O W Z P
O U C A L M L Y R R A H J O L
O O A Q K Z Z X E A I A R E E
I C S A I C A T V L R Z H R E
Q W U M N T O B E M N C M G V
D O A O D Q L N N O O U P R E
R T L Y L W O L S S R R S A N
S M L S Y Q P X T T M R G C T
T E Y L G N I R O D A E R E U
K Y O U E A R D M T L N E F A
G R U V L W A S O B L T T U L
G N P Q R Y L A R O Y L F L L
R V S L B E F O R E E Y A L Y
I D L O S R P R O P E R L Y N
A O H S V I M L W E E K L Y U
```

ADORINGLY	CURRENTLY	PROPERLY
AFTER	EVENTUALLY	SLOWLY
ALMOST	GRACEFULLY	TODAY
BEFORE	KINDLY	TOMORROW
CALMLY	LESS	WEEKLY
CASUALLY	NEVER	WELL
CONSTANTLY	NORMALLY	WHILE

77 Operas

```
O U Y R A T T S E P L J Q O I
R D R I G O L E T T O Y R F W
F K N N K D B O U K R A I M N
F D O A I N O C L W F D E O F
A H R L L A A N F L E T N P E
T R E D S R U D C L O A Z E E
S A B O M U O D I A M K I M L
L G O E I T A O G A R T G O A
A D N O C O I G A L E L W L I
F P L A B O H E M E S A O A O
N I G E N O E N E G U E Z S R
O Q G E U J I J H R R I Z I Y
L E P R O P H E T E R Y E T O
P G Z R K B S E P T O S C A T
Y I T V U M K O E K L T K Z G
```

AIDA	LA BOHEME	RIGOLETTO
CARMEN	LA GIOCONDA	RINALDO
DON CARLOS	LE PROPHETE	SALOME
EUGENE ONEGIN	MANON	THE MAGIC FLUTE
FALSTAFF	OBERON	TOSCA
FIDELIO	ORLANDO	TURANDOT
L'ORFEO	RIENZI	WOZZECK

78 German Names

```
A V A V K A K J K T X S E T K
R H L U A N I A W K T Q I H V
B E G O R E R P R J L L M A W
F I N R E L V D H I X A S N G
Q N A I T S I R K E N Y U S X
E R G F E A S A C F A I T S L
H I F L I I F G R U Y E A V Z
E C L R D B T E L I F B R A F
V H O T T O D D X A I H T O S
L E W B P T L L N N U E Q F P
Y R J I O F R I E D R I C H T
L M L T A A E H W R V K V L E
R A A K I O P R U W N E I P K
I N E S Y N U W T K U S J U S
T N P O A V P V H F L T T J S
```

DIETER	HILDEGARD	MANFRED
ERNST	INES	OTTO
FRIEDRICH	KARIN	SABINE
HANS	KARL	STEFANIE
HEIKE	KLAUS	TOBIAS
HEINRICH	KRISTIAN	UWE
HERMANN	LENA	WOLFGANG

79 Indian Towns and Cities

```
N Q T P E Q Y O V U B F I M D
L O F I U N B S Z O D R Z E P
O R K U F S U T U R E E M I H
O E A H C R U P I A J N L V J
R Z E N A Q X K S J T C A H R
S T E T X R U G N K E P S H I
Y T O L A P O H B O R A D I T
J Q U A A N T A P T O G P M O
K R G L B A X Z W S D R S A Z
O K M U M B A I O D N A P D R
M C U N X R K A N A I H D U L
D A E T Z A P B K A N P U R R
T X A N S G I A C H E N N A I
S Q D T L P V D U N A S H I K
I R Y T A O N W L B P S O R E
```

AGRA	KANPUR	NOKHA
BHOPAL	LUCKNOW	NOORPUR
CHENNAI	LUDHIANA	PATNA
DELHI	MADURAI	PUNE
GHAZIABAD	MEERUT	RAJKOT
INDORE	MUMBAI	SURAT
JAIPUR	NASHIK	THANE

80 Geology

```
E T I N A R G L Q G E A I L V
N T E S A L C O H T R O A V O
O I T C R P L I S S T T Y T U
T H A F T E R S H O C K U L S
S X R L M O R A I N E Q T I S
D Z E C P L N I G N E O U S Y
N L M I T L N I A Q K E R S A
A L O S B G A O C S A T M O R
S D L S T A G S I S L I E F U
A M G A M C S M S S W Z A M S
V H G R R C W I I Y O T T P V
A F A U L T Z O N E B R L V Y
L T S J S L X T O P X A E I O
M T E S T E E I S A O U D B L
I V G E C G I A U T T Q S L O
```

ABYSSAL PLAIN	FAULT ZONE	MORAINE
AFTERSHOCK	FOSSIL	ORTHOCLASE
AGGLOMERATE	GRANITE	OXBOW LAKE
BASIN	IGNEOUS	QUARTZITE
CRUST	JURASSIC	SANDSTONE
DELTA	LAVA	SILT
EROSION	MAGMA	TECTONICS

81 Cities in Ohio

```
S  S  P  P  A  O  D  R  P  F  L  L  T  T  R
J  G  E  R  M  A  N  T  O  W  N  R  X  A  R
R  E  P  W  M  Z  P  A  U  I  R  S  D  A  E
N  N  P  A  R  M  A  P  L  N  I  Z  K  S  B
R  E  E  L  L  I  V  S  H  C  I  R  H  U  L
V  V  R  T  C  O  H  R  L  I  O  O  V  B  U
H  A  P  F  S  N  O  A  Q  N  U  D  N  M  L
U  D  I  O  U  S  K  H  M  C  N  E  D  U  J
B  U  K  E  S  E  Z  V  C  I  Q  L  A  L  A
B  L  E  F  W  E  E  W  V  N  L  O  Y  O  C
A  D  O  O  W  H  T  R  O  N  E  T  T  C  K
R  R  O  C  L  E  V  E  L  A  N  D  O  A  S
D  D  O  Y  O  U  N  G  S  T  O  W  N  N  O
U  T  S  A  L  M  Z  F  R  I  T  T  M  A  N
U  O  K  E  C  A  N  T  O  N  U  G  S  A  F
```

AKRON	GERMANTOWN	PEPPER PIKE
CANTON	HAMILTON	RITTMAN
CINCINNATI	HUBBARD	ROSSFORD
CLEVELAND	JACKSON	TOLEDO
COLUMBUS	LAKEWOOD	UHRICHSVILLE
DAYTON	NORTHWOOD	UNION
GENEVA	PARMA	YOUNGSTOWN

82 Latin Phrases

```
R K C A V E C A N E M C I O L
S T P H A B E A S C O R P U S
E E R I A T N V I M D O S Q I
E M O A N T J Q P Y U T O S N
C P B G T P A O U Q S P F U E
I U O L E A S I O L O M A T Q
D S N E M M L R L A P E C A U
U F O O E C P X T A E T T T A
J U O N R D O N E H R A O S N
B G T N I A E H G L A E U O O
U I R U D T S E D I N V T P N
S T Q Q I A R T S A D A G N X
A E I D E N I S F Z I C A D I
H H L L M E D A E R E P M E S
L A T U G T O S I R B I L X E
```

AD ASTRA	HABEAS CORPUS	QUID PRO QUO
AD HOC	ID EST	SEMPER EADEM
ANTE MERIDIEM	INTER ALIA	SINE DIE
CAVE CANEM	IPSO FACTO	SINE QUA NON
CAVEAT EMPTOR	LEX LATA	STATUS QUO
COMPOS MENTIS	MODUS OPERANDI	SUB JUDICE
EX LIBRIS	PRO BONO	TEMPUS FUGIT

83 Hobbies

```
N C W J G N I I K S R S B T A
B A O Y W O Y C A D U A U T O
Y S Q O R O L I U R S Y Z L W
Z L L B K A L F F P D E H W B
G R E U R I I L A R A R X A
N C V T N L N P H I O A N S P
I O A G A G A G O N W M A C U
T U R A S L A V I T S E F A E
I U T R P S I S K I S N R Q H
R E A D I N G H Q N O I I W R
W Q C E S E A S P G R C U Y L
Q K G N I K C A P K C A B Z T
G G N I M M I W S L S E O S D
T O G N I T U P M O C I S U M
V C R G N I T T I N K A P I X
```

BACKPACKING	GARDENING	SAILING
CINEMA	GOLF	SKIING
COMPUTING	KNITTING	SURFING
COOKING	MUSIC	SWIMMING
CROSSWORDS	PAINTING	TOPIARY
DANCE	PHILATELY	TRAVEL
FESTIVALS	READING	WRITING

84 Types of Garden

```
V T S T U S L O Z V I P U U E
L U B S S H F N Q E P T X R R
T W U Z E A H C O T T A G E A
K I S R O D L A C I P O R T B
U N B O H E S I D A R A P A U
A T C I T U E P A R E H T W S
Z E Y F X A S T P P C S E N Q
E R U T P L U C S Y E P R U T
C O N T A I N E R N Q Q R O W
Y W K J K E K O S O B Q A T Q
L A C I N A T O B H O A C R E
M L O C H C R E W O L F E F O
R L R S I Y E U S U E O C K U
W E P V N R G O V O C T N E Y
K D N R A F P Y A I R F P V A
```

BOTANICAL	ROOF	TERRACE
CONTAINER	ROSE	THERAPEUTIC
COTTAGE	SCULPTURE	TROPICAL
FLOWER	SENSORY	VICTORY
HERB	SHADE	WALLED
PARADISE	SHAKESPEARE	WATER
ROCK	TEA	WINTER

85 Endangered Animals

```
V A P A C I F I C W A L R U S
A F J I A R H K A L U G A N E
Q A H S I F E L D D I F O F E
U N F A D I Y K B A K W R F Z
I S A O F R B L N Y L C E E N
T H E L T R U T N E E R G A A
A E S A T E P N O S C G I R P
E L S U W A O P A K A K T F M
P L T H N Y A J I M A M A U I
P A A D G R A P E C O R A L H
U L A H D N A T U G N A R O C
E R U A W G O R F R E T A W E
R Z L E B N U M B A T O Q L L
E Z R H C N I F R A T S E T K
T H N V G L S F T G L U Z E O
```

AMAMI JAY	GIANT PANDA	PACIFIC WALRUS
BLUE WHALE	GRAPE CORAL	SAOLA
CHIMPANZEE	GREEN TURTLE	SNOW LEOPARD
FANSHELL	KAKAPO	STAR FINCH
FEARFUL OWL	KALUGA	TIGER
FIDDLEFISH	NUMBAT	VAQUITA
FIN WHALE	ORANGUTAN	WATER FROG

86 At the Library

```
D S T S I L E N C E A A V P U
Y X E E U E Y Y O T B A D F A
C T N V E A V D M I L L S Z T
C Q R L C R D A U E T M R V N
O T E E N N P I A T D A E R O
L E T H E S A U R U S N T L I
W G N S I E N P T E H A U I T
J F I S C V T R I F C C P B C
R R S A S I H L C O R T M R I
N G G I I H O N L L A P O A F
S Y A R R C L G E I E A C R W
O G T U V R O T S O S L J I Y
E S L I I A G K P Q E P F A R
K Y A A F Y Y L C Y R R R N T
X G J P P F E A P L A B T F Y
```

ALMANAC	FICTION	READ
ANTHOLOGY	FOLIO	RESEARCH
ARCHIVES	INTERNET	SCIENCE
ARTICLES	LEARN	SHELVES
CITATION	LIBRARIAN	SILENCE
COMPUTERS	MAPS	STUDY
DIRECTORY	PEOPLE	THESAURUS

87 Varieties of Peach

```
F G C X E L D O R A D O S R L
T L N E X N E M U K K H V V D
S R B I A V O R A T C E N R K
W E I O W R A T O Y N Y G E S
R L E O N D L B S T P A I H O
A I M F G I E Y U G R R C Z U
D A I T R R T R A D N S I Z T
E N T S A E A A E M T I L D H
B C G O L D E N J U B I L E E
J E N R M T G S D E B E F C R
R U I F E O K B T E D T R E N
Q Y R R L H A L F O R D L T R
X W P D B C A R D I N A L S O
R E S S A K N A R E T E V T S
T R H U A U G U S T P R I D E
```

AUGUST PRIDE	FROST	REDWING
BONITA	GARDEN GOLD	RELIANCE
CARDINAL	GOLDEN JUBILEE	RIO GRANDE
CLINGSTONE	HALFORD	SOUTHERN ROSE
EARLY AMBER	MAY PRIDE	SPRINGTIME
EL DORADO	MELBA	VENTURA
FREESTONE	NECTAR	VETERAN

88 Farming

```
R J J T Z E A G O A N T L M N
G N I Z A R G O A S S E V M S
S E U R E D D O F I K R M T I
Z K D H R F I E L D S A A E N
H C T D R I O A H Z N T R T W
H I N I A R G Y E U B L R M R
O H T L C E K A R E R I I A N
G C U H C P C E T L R L S D W
Y O A G P A O A V I K H T O P
C R O P R O T A T I O N A A N
D H I S D R S T N R H N B Y R
C S Q A E F E G L Y O E L S R
R R A I D B V N T E U L E A P
F I R F S G I P G D N R N B L
U R S J J S L S R T P E C J E
```

BEEHIVE

BISON

CATTLE

CHICKEN

CROP ROTATION

DAIRY

FIELDS

FODDER

GOOSE

GRAIN

GRAZING

HAY

IRRIGATION

LIVESTOCK

MANURE

MILKING

ORCHARD

PIGS

SILAGE

STABLE

STRAW

89 Antelopes

```
O X P Y K L E C H W E T W S W
M T Y W I L D E B E E S T A A
E W J R L S J B B L P E T B T
Q A S E O B P O A R E E V T P
R L Z E N U V N I N R B B R J
F A Q D T S D N B B S E L M V
G P R B J H G O U T H T A C L
X M T U L B K C K Y R R C V I
O I K C O U K R R W S A K M X
S S H K A C E I E H F H B R H
X S I G H K N B B K U D U A S
A T V F S I D U U I T E C A O
D A E E Y L C T S C R I K Y P
D I K D I K T T S P K O Z I T
A L A Y N X T A H S T I A P O
```

ADDAX	GAZELLE	ORIBI
BLACKBUCK	HARTEBEEST	ORYX
BLUEBUCK	IMPALA	REEDBUCK
BUSHBUCK	KUDU	SPRINGBOK
DIK-DIK	LECHWE	STEENBOK
ELAND	MARSHBUCK	WATERBUCK
ELK	NYALA	WILDEBEEST

90 'W' Words

```
E L G G I R W R E S T L I N G
O T I K A E W R N T J I C A N
Z I Q E A A P S E R L I S R I
R L W V V Y B I E V J T X L R
B C I I T A E H W G E W H S E
K N I J N F L E E Z O T B J D
G A L Y C N I X L L B S A A N
N Z A L F G E S F U J S T H A
P W I S H A K R A M R E T A W
T Q L A K R P R R B S N U Z Y
H E W R W O R S E S D T O I S
T M W A E S I E L T S I H W L
Q D S V T E M O C L E W T Z C
M R R G R T T R W O D N I W N
P U V P A N G N I L L I W U C
```

WANDERING	WHATEVER	WISH
WATERMARK	WHEAT	WITHOUT
WEAK	WHISTLE	WITNESS
WEAVING	WILLING	WOLF
WEIGH	WINDOW	WORSE
WELCOME	WINNER	WRESTLING
WELFARE	WIPE	WRIGGLE

91 Names

```
D E U P A E Q L L N E M I L Y
U A V R S M A I L L I W U D F
M W V P A E M M A C O N N O R
C M Z N R R R U H T F A I L O
S A N J A Y O E N I K R N A U
I R T G H U L U N W J S L L Z
S I P H I L J L J A R J U N V
N A L L E W Y A S L V I O R T
X Y M A G R D M N Y W X J U J
S K P O U A I R O T C I V L M
Z R E A N N R N L G T O V F R
F D T I E I A E E B G S V E R
E D E T N R C R T Y K F I X O
E L R V Z E R A S H J I E P E
U F O L D Y N F T P Q H E S I
```

AMY	GARETH	PETER
ARJUN	GERRY	SANJAY
CATHERINE	JASMINE	SARAH
CONNOR	JUAN	SERENA
DANIEL	MARIA	VICTORIA
EMILY	MICHELLE	WILLIAM
EMMA	MONICA	ZAIN

92 NBA Basketball Teams

```
I  S  G  P  I  V  B  R  W  H  R  H  L  O  S
E  P  B  U  C  K  S  S  L  Q  A  A  N  N  I
S  R  O  T  P  A  R  A  T  W  K  E  U  M  F
S  L  L  U  B  R  O  C  K  E  T  S  R  S  F
K  U  M  B  G  M  I  S  R  S  G  V  F  Z  G
C  L  I  P  P  E  R  S  U  L  M  G  J  S  U
I  A  R  P  P  S  R  P  D  A  E  A  U  G  B
N  L  V  P  J  N  A  S  V  R  Z  G  G  N  W
K  Y  P  A  P  A  W  E  I  Z  A  O  T  I  N
R  A  S  L  L  C  R  J  V  L  S  Z  W  K  C
S  C  E  L  T  I  C  S  C  P  P  O  I  R  W
S  E  K  A  C  L  E  M  U  A  X  L  E  W  L
O  R  T  K  F  E  K  R  N  M  K  P  C  L  Y
T  C  S  T  R  P  S  K  S  V  E  T  R  S  I
S  M  T  R  K  X  T  A  J  R  U  O  P  S  T
```

BUCKS	KINGS	PELICANS
BULLS	KNICKS	RAPTORS
CAVALIERS	LAKERS	ROCKETS
CELTICS	MAGIC	SPURS
CLIPPERS	MAVERICKS	SUNS
HAWKS	NETS	WARRIORS
JAZZ	NUGGETS	WIZARDS

93 Breeds of Cattle

```
J C H I X A G N A S I A M D F
A L E B R A E E N B S G E R G
E L I X L Q A L G T A B S N D
R O V Q E T A O U I N D I N T
S P K B I R V R S R E U A H A
B D C U L D I E O R L F L G U
W E E P I A E H N P R M O W A
H R L T N Q T A S I H H R X H
T H F M C R I X K R I A A G R
L S O S O G O A E G Y P H U A
N I A H L N N B H S L A C E N
O N S E N E T L B J S J F M D
D A B R R U A R O U Q U E S A
R D U W E N E X E P S N S K L
N O V E D X E P B D J A J E L
```

AFRIKANER	CHAROLAIS	NELORE
ANGUS	DANISH RED	PAJUNA
AROUQUESA	DEVON	RANDALL
ASTURIAN	FLECKVIEH	RED POLL
AYRSHIRE	HIGHLAND	SANGA
BELGIAN RED	LINCOLN RED	SHORTHORN
BELMONT RED	LUING	SUSSEX

94 Pasta Shapes

```
B V S T F K T S K O A H H J T
U B E T P F U I D T I L A Q Y
C S U R I B B O N S H E L L S
A I N I L L E T R O T L R Y R
T T F Q I S G N U A R L S R A
I T R I P O L I N E Y A P E T
N E N S E U X F G E X F C C S
I L L E C I M R E V P R S A S
I L L E T A V A C D O A R C M
M E G S Z S U I D X E F A X T
U P I N O O D L E S N L V E R
S P A G H E T T I L A R I P S
T A G L I A T E L L E R O N T
U C N Y P I P A F U S I L L I
T S A K U S W L A X F R I O A
```

BUCATINI	GIGLI	SPAGHETTI
CAPPELLETTI	MACARONI	SPIRALI
CAVATELLI	NOODLES	STARS
CROXETTI	PENNE	TAGLIATELLE
FARFALLE	RAVIOLI	TORTELLINI
FEDELINI	RIBBONS	TRIPOLINE
FUSILLI	SHELLS	VERMICELLI

95 Famous Battles

```
T S G I V E N C H Y P R E S R
R N E D O L L U C O N S D E G
R A T A W R A R G C I T L F E
F S T H E R M O P Y L A E L O
T E Y R B E U A P M R L I D K
P B S R A L N R A D E I F L R
U Y B K O F E R E F B N H F I
T O U R S I A N A V I G T C K
W R R S E T N L H M R R R F N
A Q G R H E U I G E O A O T U
Z R D O S O P P C A I D W A D
E S N I A T I R B A R M S A J
K E U H O W A T E R L O O T V
Y E P P E I D O A O U S B R U
M R U R O M A N I C L L M T L
```

ARDENNES	DIEPPE	ROMANI
ARNHEM	DUNKIRK	STALINGRAD
BERLIN	GETTYSBURG	THERMOPYLAE
BLENHEIM	GIVENCHY	TOURS
BOSWORTH FIELD	MARATHON	TRAFALGAR
BRITAIN	MARNE	WATERLOO
CULLODEN	NASEBY	YPRES

96 Brave New World

```
M U S T A P H A T C H E R Y V
R Y A I H S P X O V S Z R Z P
J O H N K E J S A T C F G I U
S E T S A C W P L L I N D A L
M Y S C Q M L A O L E N I N A
I D A V E A A D R A N R E B S
L O M V U R H L H D C P Y B T
K Q O U L U I X P H E N R Y L
C E H X X T J D U A F N R O T
K Z T L O H M L E H I A F L A
A B E M Z B U Q N H C S N W R
G Y W O R L D S T A T E S N I
Q A F R E E M A R T I N S O Y
D Y S T O P I A N N O V E L I
I A A J A O T N O D N O L V R
```

BENITO

BERNARD

CASTES

DYSTOPIAN NOVEL

FANNY

FREEMARTINS

HATCHERY

HELMHOLTZ

HENRY

HUXLEY

JOHN

LENINA

LINDA

LONDON

MALPAIS

MUSTAPHA

SCIENCE FICTION

THE DIRECTOR

THE WARDEN

THOMAS

WORLD STATE

97 Michael Jackson Songs

```
W U H A D U P S G G J U W M I
L R V T E R U T A N N A M U H
U O Y H T I W K C O R U M C B
D A N G E R O U S E P W W H T
B A Q B L A C K O R W H I T E
I E B S H H L R R E T S N O M
L W H O I S I T L H T Y A O H
L A N I M I R C H T O O M S M
I Y X E M O T N I E V I G O Z
E A R T H S O N G B W M S O T
J O F F T H E W A L L O C N A
E O S B N T H R I L L E R A Y
A A I T H I S I S I T T E L P
N B P E P H O L D M Y H A N D
V G C H I C A G O D T U M K U
```

BAD

BILLIE JEAN

BLACK OR WHITE

CHICAGO

DANGEROUS

EARTH SONG

GIVE IN TO ME

HEAL THE WORLD

HOLD MY HAND

HUMAN NATURE

I'LL BE THERE

JAM

MONSTER

MUCH TOO SOON

OFF THE WALL

ROCK WITH YOU

SCREAM

SMOOTH CRIMINAL

THIS IS IT

THRILLER

WHO IS IT

98 Blackjack

```
H A R D H A N D D S W M I S K
O S R A F A T K P U T I H N R
L R U C E G D L U L O A P L X
E T E P U T I I P O D M N D I
C M S S T I F F Y C B O D M
A B A L A N C E D C O U N T V
R I J G A B P A A Z B S A H Y
D N N R H E T I R L V T T I S
R Z O S J C E S E D D Y U R K
A S P O U U T D R T P C R D Z
C A K F Y R O I L I S A A B X
P R G T A W A G P U F M L A S
U W Y E N O M N E V E O H S A
D P C E N Z O L C A U M W E O
L A S U R R E N D E R P F K K
```

BALANCED COUNT	HIT	SOFT
BUST	HOLE CARD	SPLIT
CUT CARD	INSURANCE	STAND
DOUBLE DOWN	NATURAL	STIFF
EVEN MONEY	PITCH GAME	SURRENDER
FIRST BASE	PUSH	THIRD BASE
HARD HAND	SHOE	UPCARD

99 Astronauts...

```
H E H X X K U P Z X P A I A D
Y A A E D R L C Z B R Q A F A
A Q Z Z R A Q C G O R D O N R
M V L O A A D A N J W T D I N
A M O N P A L U C I D E D R O
Z S V K E R G G B P R E T E C
A H E A H L P C A S U D D K L
K R L D S S R O U Z K L L X
I S L A W R E N C E G L R A S
V F T M X T R R E S N I K W F
I J T S C O T T E R U R C Z B
N S W O O I V W K T O W O E V
S R P N A S D V A Z Y I A N R
Q T Q B I U A S E P X N F K P
D M X E T L U R P S O O J U C
```

ADAMSON	IVINS	ROOSA
ALDRIN	LAWRENCE	SCOTT
ANDERSON	LOVELL	SHEPARD
BEAN	LUCID	TERESHKOVA
CONRAD	PEAKE	WALKER
GORDON	RESNIK	YAMAZAKI
IRWIN	RIDE	YOUNG

100 ...Life of an Astronaut

```
S C O S M I C R A Y S W F T O
S M L T P S T E K C O R U V A
E S I K L A W E C A P S E L V
N S E S P A C E S U I T I A O
S R H N S T N E M I R E P X E
S E P U K I D E S I C R E X E
E G R R T C O Y R T N E E R L
L N A N C T I N S E A X K Y B
T A D A K V L S S P Z T A T P
H D I S O R I E N T A T I O N
G N A V I G A T I O N E S O K
I Y T I C O L E V L I S O C N
E M I C R O G R A V I T Y R I
W D O C K I N G W E C R O F G
K G N I N I A R T R A H S M S
```

COSMIC RAYS

DANGER

DISORIENTATION

DOCKING

EXERCISE

EXPERIMENTS

G-FORCE

MICROGRAVITY

MISSION

MOTION SICKNESS

NAVIGATION

RADIATION

RE-ENTRY

ROCKETS

SHUTTLE

SPACE STATION

SPACESUIT

SPACEWALK

TRAINING

VELOCITY

WEIGHTLESSNESS

101 Card Games

```
K E S L M K Q N P H L S I S D
M C T O I Y L S H E P E P N O
B N T A T D P A N A E U A F H
A E G D I R B A S R G G Y J D
S I Z M S M P L N T L K O Z L
N T A I S I Y O A S C N G I O
P A E A Q E S M K C T A E J R
N P P U H U D C M E K G R B Z
W E E O B P E A V U R J I D E
J T E N L D A E P O R D A B E
R O N R S E V E N S W N T C O
T L V J H U O E V H J O I A K
B E E L H C O N I P U P L G U
A B J R Z E U S E N I N O O F
T U K N L S T E C A N A S T A
```

BELOTE	EUCHRE	PINOCHLE
BEZIQUE	GIN RUMMY	PIQUET
BID WHIST	HEARTS	POKER
BLACKJACK	LAST CARD	SEVENS
BRIDGE	NAPOLEON	SNAP
CANASTA	NINES	SOLITAIRE
DEUCES	PATIENCE	SPADES

102 Plays

```
P  E  P  O  C  O  L  L  E  H  T  O  Z  R  P
P  S  N  A  S  Y  O  U  L  I  K  E  I  T  P
E  Y  O  Y  T  R  E  V  E  F  Y  A  H  E  M
S  A  I  N  T  J  O  A  N  R  Z  E  T  I  N
U  D  L  A  H  A  M  L  E  T  C  E  L  L  D
E  Y  A  V  E  R  A  P  R  R  R  P  D  U  N
D  P  M  E  R  Z  N  J  U  P  H  K  P  J  O
A  P  G  L  I  N  T  C  A  R  P  L  M  D  P
M  A  Y  C  V  K  I  N  G  L  E  A  R  N  F
A  H  P  N  A  B  G  E  A  N  C  P  P  A  K
F  S  M  U  L  X  O  U  T  B  A  O  U  O  O
Z  S  Q  E  S  Y  N  Y  E  E  R  S  Z  E  W
Q  R  A  U  A  T  E  T  F  R  T  O  P  M  S
T  V  Y  R  N  E  H  B  E  N  O  P  L  O  V
R  P  J  U  L  I  U  S  C  A  E  S  A  R  S
```

AMADEUS	HENRY V	PYGMALION
ANTIGONE	JULIUS CAESAR	ROMEO AND JULIET
AS YOU LIKE IT	KING LEAR	SAINT JOAN
FAUST	MACBETH	THE CRUCIBLE
HAMLET	OTHELLO	THE RIVALS
HAPPY DAYS	PETER PAN	UNCLE VANYA
HAY FEVER	PLENTY	VOLPONE

103 Basketball

```
S  I  R  H  R  L  D  S  M  D  R  U  A  U  Q
U  R  G  S  H  O  T  C  L  O  C  K  P  G  R
N  E  P  K  N  U  D  M  A  L  S  A  I  N  D
O  V  E  R  T  I  M  E  O  S  N  G  L  I  R
B  O  N  T  I  O  Q  U  G  D  Y  E  F  M  I
S  N  A  S  P  N  J  W  D  N  D  Y  T  L  B
I  R  L  I  S  E  C  O  L  T  A  N  B  A  B
I  U  T  S  I  A  W  R  E  L  I  R  C  P  L
X  T  Y  S  X  N  P  H  I  A  A  K  D  D  E
T  R  T  A  T  D  E  T  F  S  B  B  E  I  Q
O  A  W  Z  H  O  Y  E  S  O  V  L  R  Z  M
B  V  U  U  M  N  Z  E  A  E  P  K  R  I  V
K  E  T  Q  A  E  U  R  S  A  H  R  L  N  A
P  L  A  L  N  U  D  F  E  E  R  C  I  O  I
R  G  Y  J  N  A  G  Q  A  O  N  P  S  F  L
```

AIR BALL	FLIP	PENALTY
ASSIST	FREE THROW	SHOT CLOCK
BACKBOARD	MID-RANGE	SIXTH MAN
BONUS	NBA	SLAM DUNK
CHEST PASS	ONE-AND-ONE	TRAVEL
DRIBBLE	OVERTIME	TURNOVER
FIELD GOAL	PALMING	UP AND DOWN

104 Pleasant Smells

```
P  B  O  L  L  E  B  E  U  L  B  A  C  O  N
S  N  C  O  A  X  L  H  T  N  I  C  A  Y  H
L  O  I  R  V  A  N  I  L  L  A  F  K  W  J
N  H  B  D  E  C  S  G  C  S  T  N  P  A  A
K  V  O  A  N  B  O  U  K  E  S  R  S  L  D
B  S  S  N  D  E  T  C  R  S  Y  M  M  L  A
E  E  I  O  E  G  N  S  O  A  I  O  M  F  E
P  L  O  T  R  Y  H  R  T  N  N  U  A  L  R
A  O  U  A  A  A  S  T  E  D  U  W  C  O  B
A  O  S  R  V  M  Z  U  Z  G  G  T  E  W  H
P  S  C  E  N  T  E  D  C  A  N  D  L  E  S
P  C  O  F  F  E  E  L  D  K  P  I  T  R  E
L  N  O  M  A  N  N  I  C  R  L  S  G  B  R
E  A  Z  A  I  R  E  M  U  F  R  E  P  L  F
A  E  A  Q  A  M  W  S  T  G  M  I  G  S  M
```

AFTERSHAVE	COCONUT	JASMINE
ALMOND	COFFEE	LAVENDER
APPLE	CUT GRASS	MIMOSA
BACON	FRESH BREAD	PERFUME
BLUEBELL	GINGER	SCENTED CANDLES
CINNAMON	HONEYSUCKLE	VANILLA
CLEMATIS	HYACINTH	WALLFLOWER

105 The Hobbit

```
T S E U Q R G A L B S I I U C
V O M I D D L E E A R T H N O
E L L E D N E V I R A R S I L
P L E K S N O B E D V O N A T
M X R B I J R N R T E L I T I
A U D O G E D O E H N L G N S
Y U L V N W N G E E H S G U T
P S F L A D N A G B I M A O G
I N I R O H T R K O L A B M S
L F V D T G L D A W L U O Y A
X E D O O W K R I M D G B L S
S R E D I P S T N A I G L E K
T M I S T Y M O U N T A I N S
O T I U L B X T R R A T B O R
R J F A N T A S Y N O V E L Y
```

BARD THE BOWMAN

BEORN

BILBO BAGGINS

DRAGON

DWARVES

ELROND

FANTASY NOVEL

GANDALF

GIANT SPIDERS

GOLLUM

LONELY MOUNTAIN

MIDDLE-EARTH

MIRKWOOD

MISTY MOUNTAINS

QUEST

RAVENHILL

RIVENDELL

SMAUG

THORIN

TOLKIEN

TROLLS

106 Eucalyptus Trees

```
T F U Z Z Y G U M E X E R U F
S T R I N G Y G U M O A V O T
P E N E T Z Q G A U B B O W S
E E E M C A B B A G E G U M B
A L L U U M U G N O T X U B V
R L P G O G O F A O I R R L B
W A P E N G R L M R H O E A A
O M A G C I M A I D W S R C R
O P E N U L T F G N O E A K L
D A L A P J E W M U D M I G E
P O Y R G A B A O N S A N U E
S S G O U B L S L E L B M B
X M R I M L L T D N L L O O O
S R A T E S T I N G L E W H X
H T Z T V L J C R T E E Y A E
```

ARGYLE APPLE	FUZZY GUM	ROSE MALLEE
BARLEE BOX	GILJA	SOAP MALLEE
BLACK GUM	NUNDROO GUM	SPEARWOOD
BROWN MALLET	OLINDA BOX	STRINGY GUM
BUXTON GUM	ORANGE GUM	SUGAR GUM
CABBAGE GUM	RAINBOW	WHITE BOX
CUP GUM	RATE'S TINGLE	YELLOW TINGLE

107 Around the House

```
H A N D T O W E L I P T L O A
M A E U I E P S L S H S T L U
R A X B E N P E Y R O R R I M
S L S O A P I R A R T O K R C
B E Y T C S V N A Q O O C I U
S A R L X E I U G C G D I D A
E U N L B V S N S T R V T O S
B L R A L L E C T L A S S O L
U R T M U E U U N S P B E R H
E H U P B H Q P E O H A L B T
T A S S T S I R M S S S D E D
W R N H H R T S A Q O K N L S
T V U A G A N T N T F E A L O
B Q U D I G A U R E A T C U D
L Y Z E L T Y J O P O L X T E
```

ANTIQUES

BASIN

BASKET

BATH

BRUSH

CANDLESTICK

CARPET

DINING TABLE

DOORBELL

DOORS

HAND TOWEL

LAMPSHADE

LIGHT BULB

MIRROR

ORNAMENTS

PHOTOGRAPHS

SALT CELLAR

SHELVES

SOAP

SOFA

VASE

108 Breeds of Chicken

```
Z C E J S H D O I T E A A A O
E A R P B L P E S I L K I E R
M M H L U A I U P A P R M A P
A P O C C A S E U L B A W O I
G I U D K S L S N A R A M A N
N N D S E R I A T S E C U A G
A E A X Y R J P H B U S N Y T
C N N B E R N D X B T O Y I O
I I R A I J A G A R C E P D N
R H O D E I S L A N D R E D Y
E C H D S S A L A M A T N A B
M O G Y T Y O A B R E S S E H
A C E I A R O S E C O M B K U
I S L D P B T Z P A T V A K B
R R I C O H G A M A G H E C O
```

AMERICAN GAME	COCHIN	MARSH DAISY
ANCONA	CUBALAYA	MODERN GAME
AUSTRALORP	ESTAIRES	ORPINGTON
BANTAM	HOUDAN	RHODE ISLAND RED
BRESSE	IOWA BLUE	ROSECOMB
BUCKEYE	LEGHORN	SILKIE
CAMPINE	MARANS	SUSSEX

109 Creative

```
Y G I N N O V A T I V E V E O
P I N V E N T I V E E N N S O
U Z T I E G D E G N I T T U C
E V E E K L S X H S E R F O E
J B S X R A Q P P R I E L I X
L E V O N M E E P L M P A N P
A V A N T G A R D E A R N E R
R I I G D S I I B A G E I G E
T T R S L S N M F D I N G N S
I A C L I S M E B R N E I I S
S R U N P O E N O O A U R E I
T E G I W E N T N I T R O Q V
I N R J D M N A T T I I B R E
C E V Z M F D L R V V A P C G
D G N B L U E S K Y E L A R E
```

ADROIT	EXPERIMENTAL	INNOVATIVE
ARTISTIC	EXPRESSIVE	INSPIRED
AVANT-GARDE	FRESH	INVENTIVE
BLUE-SKY	GENERATIVE	NEW
CUTTING EDGE	GROUNDBREAKING	NOVEL
ENTERPRISING	IMAGINATIVE	ORIGINAL
ENTREPRENEURIAL	INGENIOUS	VISIONARY

110 Five-letter Words

```
Y  S  A  W  J  M  O  V  E  D  K  E  E  L  S
S  N  A  O  A  N  I  R  R  R  R  E  W  O  T
S  T  E  S  S  T  A  I  Q  I  R  C  L  O  G
K  L  G  N  M  I  N  P  S  V  E  L  A  T  S
H  E  E  V  E  K  R  R  Z  E  B  R  A  S  M
C  A  A  U  P  I  O  M  N  D  L  C  O  L  O
B  E  N  T  O  T  D  P  A  F  I  P  U  H  T
L  C  U  U  X  K  A  E  W  T  U  R  T  G  C
R  C  K  I  U  S  Q  E  K  S  O  S  A  S  O
I  E  R  M  T  S  S  M  H  A  T  U  S  H  A
D  T  A  A  T  V  M  E  H  W  I  D  Q  Y  F
R  L  R  G  E  C  R  A  F  T  A  L  F  X  U
H  A  Y  E  G  T  S  E  Y  G  B  V  N  O  A
P  L  R  E  L  T  S  R  R  B  S  T  S  A  A
O  D  X  P  Y  J  N  L  K  S  E  F  I  C  M
```

ADORN	IMAGE	STOOL
CHORE	MAYBE	TACIT
CRAFT	MOVED	TOWER
DRINK	PASTA	TWEAK
DRIVE	QUOTA	USHER
FUSSY	SLEEK	WHEAT
HASTY	STALE	ZEBRA

111 Movie Genres

```
S O W E L K T R P W U A V P I
E M Y S T E R Y E N O I T C A
S P T H O M C S A O V H H G O
Z S I Y S A T N A F R S P T R
R Z L C Q E N H A I F I C S I
I A A V R T E I L M A K G F S
Y T E N L J H L M C O M E D Y
R E R U T N E V D A A R D I W
S Z Z E C R I M E T T E E A R
R H J S T Y I J R Y L I M A F
A A S O A S P A R O D Y O L Q
P M U S I C A L V I R O D N N
Q A E S N E P S U S T R O P S
D R Y R X M I F I O A Q O E V
Y D O T A R X Q A D O L D H E
```

ACTION	EPIC	REALITY
ADVENTURE	FAMILY	ROMANCE
ANIMATION	FANTASY	SCI-FI
COMEDY	HORROR	SPORTS
CRIME	MUSICAL	SUSPENSE
DISASTER	MYSTERY	THRILLER
DRAMA	PARODY	WESTERN

112 Microstates

```
J L I E C H T E N S T E I N H
A R D O S H Y I Z D E S X P I
T O N G A M I M O N V Y B V N
U S O N I R A M N A S K R A B
V R X R L L I S T L T V U T A
A R R O D N A I R S S R N I R
L V R I I S C O I I U N E A B
U S V C S A I N T L U C I A A
C E A O N F G X S L U G O R D
S O N C A A R N I A R H A B O
I W I A P S E Y C H E L L E S
L T T O C A N O M S A H J I U
Y H R O G E A K I R I B A T I
E E E E J C D H P A L A U M F
G G U S T Y A B C M A L T A A
```

ANDORRA	LIECHTENSTEIN	SAINT LUCIA
BAHRAIN	MALDIVES	SAN MARINO
BARBADOS	MALTA	SEYCHELLES
BRUNEI	MARSHALL ISLANDS	SINGAPORE
DOMINICA	MONACO	TONGA
GRENADA	NAURU	TUVALU
KIRIBATI	PALAU	VATICAN CITY

113 New York Taxi

```
R O E P L R I R P R F N A N L
T M G C R M A I A E R S U R S
P A T F T D C L A V I R R A Z
E R A F I K Z R P I T E R W H
L C J O U A N S R R E G S O A
Y Q U P F L F A O D Q N T L O
I T B O F T E P R R D E A L B
R P E R I H R O F I L S U E R
A E E D R I R E C R X S H Y R
L Z P O A A Y Z U C B A P H S
X O I L T C I N B H U P T A L
R K N L S X N I P T U P L L T
B Q G A O G G T R A F F I C P
I X A R H A I L U G G A G E V
E V R S W I U Z G I U E P S D
```

AIRPORT RUN

ARRIVAL

BEEPING

DOLLARS

DRIVER

DROP OFF

FARE

FERRYING

FOR HIRE

HAIL

HOTEL RUN

LUGGAGE

OCCUPIED

PASSENGERS

PICK UP

RADIO

TARIFF

TAXI RANK

TIP

TRAFFIC

YELLOW

114 Celebrities

```
R A L P A C I N O N X R R E E
E I L O J A N I L E G N A P G
S M S E R R O L F L Y N N T P
M Y R E N N O C N A E S E Z P
A U D R E Y H E P B U R N C E
U M A T H U R M A N D E Y G D
J J A C K I E C H A N S A E Y
A S U R Y C Y E L I M I W N N
N C O L I N F I R T H U N E N
E W O R C L L E S S U R H K H
F W H T I M S L L I W C O E O
O P E E R T S L Y R E M J L J
N R N E R O L A I H P O S L U
D S K N A H M O T C S T B Y S
A U C R A E E L E K I P S E P
```

AL PACINO	JACKIE CHAN	SEAN CONNERY
ANGELINA JOLIE	JANE FONDA	SOPHIA LOREN
AUDREY HEPBURN	JOHN WAYNE	SPIKE LEE
CHRISTIAN BALE	JOHNNY DEPP	TOM CRUISE
COLIN FIRTH	MERYL STREEP	TOM HANKS
ERROL FLYNN	MILEY CYRUS	UMA THURMAN
GENE KELLY	RUSSELL CROWE	WILL SMITH

115 Garden Flowers

```
D V A P Z I C R S O P T A A P
C M S R H A O U Q T Q E I I I
O U B I O A N Z A T J T N L D
W I Z M L F E S J C R O A H X
S N H R L D F U L R Z Z A M
L A P O Y D L I D O F F A D U
I R W S H R O R T C B D G U S
P E O E O B W P M U P E V B S
R G M L C R E A P S L B L A Y
I A E W K T R G N R Y I D I L
M E M A U I O Y O E G S P V A
U S G N G S D G O N B Y N L Y
L F I O Q V U T J P I R T A W
A A L L E B E U L B B A E S P
F D U A O C S T B L U A Z V O
```

ALYSSUM	DAHLIA	PETUNIA
BEGONIA	GAZANIA	PRIMROSE
BLUEBELL	GERANIUM	PRIMULA
CONEFLOWER	HOLLYHOCK	SALVIA
COWSLIP	LOBELIA	SUNFLOWER
CROCUS	MARIGOLD	TULIP
DAFFODIL	PANSY	VERBENA

116 Pharaohs

```
R U F U H K A Q F A V A F T B
S U Y A H K U V Z A S D S L I
E G W A Z A D I D Z L I I C A
I F B X F S J W K U A C R P A
T A S N U U O D Z E P F Y P N
F F E B N O S G U S S X H R S
B W D J E R E L D A U H O T E
R L R J M R R H T I E N R E M
X Z P Z E K A E S S A H U R E
F M A N A Y H K K P T N B T N
S T P R E M R A N F R A U R R
S P G F Z T M P F E Y S K S E
I Q S L C O T W R R M G R Q I
Z G L P S M E R Y K A R E S S
I S I E I A R S R K G K Y K Q
```

AMYRTAEUS	KHAFRA	NARMER
DJER	KHAYU	SAHURE
DJOSER	KHUFU	SEMENRE
HSEKIU	KHYAN	SNAAIB
IRY-HOR	MENKARE	SOGDIANUS
KAMOSE	MERNEITH	SONBEF
KHABA	MERYKARE	WAZAD

117 Art Movements

```
L G Q I S M S I V U A F V C R
B S M U N T A N O C O C O R T
A O U S M M R N S T R I R G U
R E N A I S S A N C E E T S R
O A S S E L I I P E U L I N N
Q O D T U V A N L O R B C G L
U R C J H S U E R A P I I V X
E P T E Q E T O R E N A S S P
U H D A D A T L N R D O M M M
F I C P P T S I M T U O T A H
M S I O E N R A C U R S M T N
S M T M S I L A M I X A M D A
A J Y L F U T U R I S M T T S
I V M I N I M A L I S M D E I
R S Y X P H E T M I O R A Z N
```

AESTHETICISM	FUTURISM	OP ART
ART DECO	MANNERISM	ORPHISM
ART NOUVEAU	MAXIMALISM	RENAISSANCE
BAROQUE	MINIMALISM	ROCOCO
CUBISM	MODERNISM	SURREALISM
DADA	NEOISM	TONALISM
FAUVISM	NET ART	VORTICISM

118 Around Spain

```
A  P  U  C  L  U  R  A  V  A  C  A  D  I  Z
S  P  K  P  S  L  D  R  K  I  R  P  N  V  T
V  A  L  E  N  C  I  A  C  S  E  U  H  P  U
P  U  L  E  U  R  E  T  X  R  A  R  P  S  N
E  T  N  A  C  I  L  A  S  S  A  R  R  E  T
U  H  Q  N  M  E  O  I  C  L  I  L  N  V  C
R  Z  C  O  O  A  H  T  Z  T  C  B  B  I  S
G  S  O  L  K  J  N  P  A  G  R  X  U  L  T
R  X  A  A  E  R  I  C  R  B  U  Z  I  L  Z
A  B  O  D  R  O  C  G  A  B  M  R  Y  E  A
N  R  G  A  P  D  G  I  G  G  D  A  T  J  V
A  G  U  B  A  E  E  U  O  M  A  D  R  I  D
D  O  A  B  L  I  B  T  Z  Y  W  L  G  A  B
A  A  K  P  M  V  P  E  A  R  R  O  A  X  R
V  T  S  Z  A  O  U  L  M  B  E  I  T  M  O
```

ALICANTE	GRANADA	SALAMANCA
BADALONA	HUESCA	SEVILLE
BILBAO	MADRID	TERRASSA
CADIZ	MALAGA	TERUEL
CORDOBA	MURCIA	VALENCIA
ELCHE	OVIEDO	VIGO
GIJON	PALMA	ZARAGOZA

119 Dances

```
Q R S O S G P U U U B K M O B
L I T B L F T T I W E P J T S
B M L M I K G F H A O T H Q N
S S I A O V U S E L L L U T K
H B A M M Q C B A T W I S T I
Q M S M A B H O S Z C N T B U
R E L R B W A G R K L D L A Q
R R A L M A R D S E M Y E C H
S E S E U A L T A T L H S H Z
G N Q U R N E L B O D O S A P
B G I R O P S C E T G P B T X
G U B R E T T I J T P N F A S
L E V I J T O R T X O F A C I
L F L A M E N C O E G O T T T
D X B T R I W A L R G H B B A
```

BACHATA	JITTERBUG	QUICKSTEP
BALLET	JIVE	RUMBA
BOLERO	LAMBADA	SALSA
CHARLESTON	LINDY HOP	SAMBA
FLAMENCO	MAMBO	TANGO
FOXTROT	MERENGUE	TWIST
HUSTLE	PASO DOBLE	WALTZ

120 Gluten-free Foods

```
S S D E E S R E W O L F N U S
T L D L R E T O H X S S S T A
I U S E I R R E B P S A R L O
X P T M E O T A T O P T K M N
K F L A X S E E D G R A T U E
M K R G V B N V T T L E R W G
E Q C D T O R I I E L H H S O
C O U L E V C W K L P W C R A
T A P I O C A A I P O K A O C
Q A Q W N L D M D I M C N R K
T R S D N O M L A O F U I A K
N F S U U U A I R R J B P L K
L I T U N O C O C I H P S C Y
M S S I T S X D B C L O Q A F
P H R I U L S G G E U V E R V
```

ALMONDS	FLAXSEED	RASPBERRIES
APPLE	KALE	RICE
AVOCADO	MILLET	SPINACH
BUCKWHEAT	OLIVE OIL	SUNFLOWER SEEDS
COCONUT	POTATO	TAPIOCA
EGGS	PUMPKIN SEEDS	WALNUTS
FISH	QUINOA	WILD GAME

121 Mountain Ranges

```
S P T R E H L N L E R S R Z G
C A R Z O N L A L U K E O K C
H M F U N G Q A O A J E U E A
Y I K C Q A K L R T S N D T U
O R M X A E H A L P L E L C C
S S S A R R K S R U R R B A A
M L T A L O P K N B A Y H I S
E F N Z R A H A E A L P S R U
G G L A T R Y R T H I W U N S
E T M V N U G A T H O T K G E
G R A M P I A N S S I U U O I
Y U A Y U J B G A P R A D R K
T S E N I N N E P A Q H N M C
I E U I X S S R L R Y R I S O
R R S E D N A U D G N E H S R
```

ALASKA RANGE	CEDERBERG	KUNLUN
ALPS	GRAMPIANS	LAKE RANGE
ANDES	HARZ	PAMIRS
APENNINES	HENGDUAN	PYRENEES
CAIRNGORMS	HIMALAYAS	ROCKIES
CARPATHIANS	HINDU KUSH	TIAN SHAN
CAUCASUS	KARAKORAM	URAL

122 Islands of Minnesota

```
B I R B P T N A L E A R H Z M
T A I J C N A S L S E E E A R
W C R R T A N D E R S O N P I
B U K R E S O O G W A I N C W
B D X Y E N Q N G Q T M E L V
I V S A R T I D D O L I P T A
Z U G K S R T T U Y E K I P O
V L P D E D E T N A H C N E D
E R P E A Y L B O A K U I A R
S A D T L E L P P I R O W O L
U E I E I J O S U S K T D R T
H B L N R R C R A B A I L I B
L K H A R R I E T S P R A Y I
O O Y R G I N P X J N P B Q I
L O F C E T E L S J B I L Y V
```

AIKIO	EAGLE	NICOLLET
ANDERSON	ENCHANTED	OAK
BALDWIN	GALE'S	PIKE
BARRETT	GOOSE	RASPBERRY
BEAR	HARRIET	RIPPLE
CRANE	HENNEPIN	SPIRIT
DEERING	MANITOU	SPRAY

123 Britain

```
Y C A R L I S L E E T B I A W
W O G S A L G O S O N U E B L
L E R H D S U O L E E D S O H
N A S K Z B I P A U E T R S E
E O J G U H L K N E D J R J O
L R D I E A D C C N R S F N Z
T I E N T R F A A E E W F O I
S P V T O T O L S T B W I T Q
A Q E E S L R B T A A F D S G
C I A B R E D Q E G D E R E E
W J L A D P H D R O F D A R B
E T L N H O O C M R Z S C P S
N S U G Q O E O N R E A S P R
U S H O I L L T L A P G S O R
M A H R U D G L W H M M A T G
```

ABERDEEN	GLASGOW	LIVERPOOL
BANGOR	GUILDFORD	LONDON
BLACKPOOL	HARROGATE	MANCHESTER
BRADFORD	HARTLEPOOL	NEWCASTLE
CARDIFF	HULL	PRESTON
CARLISLE	LANCASTER	SUNDERLAND
DURHAM	LEEDS	YORK

124 Christmas

```
J S E L E X L G J T Q H T S O
T E B M V R M R A O N E Z A Q
H T E E R T S A M T S I R H C
T H T A E R W Q R D J E S U S
U Q H L P S R Y R A T S P Y W
R L L B G R E E T I N G S H R
K N E Z A M H L N I Z G F I S
E A H J G P H S C R V R E I B
Y T E F E H E L T I N I S L Q
S T M H S L O R A C C E T X P
M A S T N E S E R P A I I A C
A F Y O R M U I L S Q S V P N
R Y S D R A C E O I H A E Z I
Y L I M A F S N L U T Q K F U
E P M C E A I C D R K M Z Q R
```

ANGEL	FROSTY	PRESENTS
BETHLEHEM	GREETINGS	SEASON
CARDS	ICICLES	SHEPHERDS
CAROLS	JESUS	STAR
CHRISTMAS TREE	JOSEPH	TINSEL
FAMILY	MARY	TURKEY
FESTIVE	NATIVITY	WREATH

125 Beekeeping

```
S E L B I D N A M T B P C T Z
R A L I R A T C E N E B X A N
B X P S S O R L O T X T X W G
L E H I I V O E K L I A R O M
I E F C L L D W K O H T R B
O B R B K U O M C O R N T K A
D D O I R G L P T H L A Y E G
J R M D E E O T O S A B B R B
F A O T N L A N U R U M E B E
D U N N L Y E D C R P D B E E
L G E E E Y R A L L E C E E B
T P N O S E C A S T E V I H R
Z M R A W S U A I B C E T N U
I O C A P P I N G P R P K E S
P P P X W P S E E B A S L C H
```

APIARY	CAPPING	MANDIBLES
APICULTURE	CASTE	NECTAR
BEE BLOWER	COLONY	PHEROMONE
BEE BREAD	DRONE	POLLEN
BEE BRUSH	GUARD BEE	PROPOLIS
BEE CELLAR	HIVE	SWARM
BROOD CHAMBER	HONEY SAC	WORKER BEE

126 Butterflies

```
A  S  F  I  E  N  O  T  S  M  I  R  B  C  H
D  C  A  R  D  I  N  A  L  A  W  P  H  E  R
O  P  I  T  E  G  N  A  R  O  Z  A  A  C  E
N  A  R  E  D  I  L  G  O  H  L  T  P  O  P
I  P  X  E  J  U  U  D  C  K  H  Z  T  M  P
S  O  V  B  X  S  W  R  H  F  M  W  L  M  I
B  L  A  C  K  H  A  I  R  S  T  R  E  A  K
L  L  E  F  I  N  L  I  A  T  D  R  O  W  S
U  O  T  T  O  L  T  A  Z  R  O  S  K  E  Y
E  U  E  M  B  I  O  G  R  A  Y  L  I  N  G
W  W  O  L  L  E  Y  D  E  D  U  O  L  C  N
D  A  U  L  A  R  G  E  W  H  I  T  E  G  I
G  E  A  P  Y  R  R  E  B  K  C  A  H  T  D
B  R  E  P  P  O  C  L  L  A  M  S  E  Z  W
Y  O  T  L  I  A  T  W  O  L  L  A  W  S  T
```

ADONIS BLUE	CLOUDED YELLOW	LARGE WHITE
APOLLO	COMMA	MONARCH
ARGUS	DINGY SKIPPER	ORANGE TIP
BLACK HAIRSTREAK	GLIDER	SMALL COPPER
BRIMSTONE	GRAYLING	SWALLOWTAIL
CARDINAL	HACKBERRY	SWORDTAIL
CHALKHILL BLUE	HEATH FRITILLARY	WOOD WHITE

127 Songs in 'Glee'

```
R M M U T L C R M A R G W U D
T E O M R A N W M E S G X S D
P U F A I T H F U L L Y M Y Y
O G Z B H O O R S V A B E L T
K O P Y A D R E T S E Y O A G
E V O L E N O U A X Z I A R I
R R W D E T I V N I N U X L P
F O R S R H R P G P E D B C O
A V A L E R I E S T R R R I E
C U B R G A K C A B T E G X D
E R I A N O I L L I B A T O U
F I E O O S U U L P R M T T J
C A M Y R R F C Y P I O F A Y
R A L O T T W K R P S N Z L E
N Y A W S O B Y T X N J S I H
```

BILLIONAIRE	MUSTANG SALLY	SWAY
DREAM ON	ONE LOVE	TOXIC
FAITHFULLY	PIANO MAN	UNINVITED
GET BACK	POKER FACE	UNPRETTY
HELP!	PROBLEM	VALERIE
HEY JUDE	ROAR	VOGUE
LUCKY	STRONGER	YESTERDAY

128 Fly Fishing

```
V Y G N I L G N A T X R L R A
F L Y L I N E A L C S R U P X
O F D E A D D R I F T E R S E
H Y P S F L P I E E Z D E Q L
B R V O R L B A C K C A S T K
U D A A O S Y H R A X E C U C
R R I R T L R R Z A T L V Q A
E O S S C B N E E R C O U U H
J P A W A C W E H E R H R A R
B P R R R H B D P T L S U C A
A E E A T T O H A O A L R T N
L R O U T E B R E M I E V I E
X R B A A S B M L N S R F O C
P I C A S T I N G T Z E T N L
O S J Y O J N Q C J T G L K E
```

ACTION	DEAD DRIFT	HACKLE
ANGLING	DEER HAIR	HAULING
ATTRACTOR	DROPPER	INDICATOR
BACK CAST	DRY FLY	LEADER
BOBBIN	FEATHERS	LURES
CASTING	FLY LINE	OPEN LOOP
DAMSEL	FLY REEL	PARACHUTE

129 'E' Words

```
N O I S O R E L E C T I O N S
R D L X J V E F Q A W R E E R
S S A M I E F Z U E E P N M O
B S E D U E U L A U X H T B R
A X E M C N F E T P C K R R R
X N T T P I N F I H A A E A E
T S G G K L M R O O V E P C N
B E A N A U O K N R A X R E O
Z T C R I E Z Y N I T U E M R
U K G H G V T T M A E L N B M
G E N O I T A T C E P X E A O
T B I P E D V R B Y N E U S U
A S F O T N O G P B T R S S
M E M Z V S E A R N E S T Y A
A H R Y R A S S I M E T R A S
```

EARNEST	EMBRACE	EQUATION
ECHIDNA	EMISSARY	EROSION
EFFECT	EMPLOYMENT	ERROR
EFFORTLESS	ENGRAVING	EUPHORIA
EGOISM	ENLARGE	EVIDENT
ELECTION	ENORMOUS	EXCAVATE
EMBASSY	ENTREPRENEUR	EXPECTATION

130 Earth Craters

```
T B N H T S T R O F E D E R V
B A O A D C H A R L E V O I X
U A M L B T P Z L M R C H J C
L B K E T B S I I O H Z C H A
U E S O L Y U P W E A M A G R
X A A H O I S B C T A P G I S
C V D O O N A H A I M N I E W
I E I Y M E O C P R E U B L E
H R N T R U M O R W R G S D L
C H E S A P E A K E B A Y O L
B E U R A F L O K O E R Y O B
Q A T G U A R D A E O K P W F
V D S R N O S N A M R T O E J
K S N E M A K A R A K U L G H
L F S L S Y Y R U B D U S A O
```

AMELIA CREEK	CHESAPEAKE BAY	ROCHECHOUART
BEAVERHEAD	CHICXULUB	SHOEMAKER
BIGACH	GUARDA	SUDBURY
BOLTYSH	KAMENSK	TOOKOONOOKA
BOSUMTWI	KARAKUL	VREDEFORT
CARSWELL	MANSON	WOODLEIGH
CHARLEVOIX	MOROKWENG	YARRABUBBA

131 Kylie Minogue Songs

```
S B E T I P T X P Y G H R G F
G P M R H W S L L A F F P P J
N B I O K E O A E D L S H O A
I E C N B K O L A O L B Y S
L W H T N E I N S T W R S J R
E W O T A I M D E N E E G L E
E A C R A W N I S A R I S I J
F W O W D E H G T H A A M G B
R D L P E I R D A T F S R N G
E O A R G J S B Y R O S A I E
N T T H R O Z O G E O E Y C E
I D E K C O H S U T T U M N J
F R N L O C O M O T I O N A R
A L L T H E L O V E R S I D R
X T R N O I T A R B E L E C T
```

ALL THE LOVERS	FLOWER	SLOW
BETTER THAN TODAY	HIGHER	SPINNING AROUND
BREATHE	IN MY ARMS	THE ONE
CELEBRATION	KIDS	TIMEBOMB
CHOCOLATE	LOCOMOTION	TOO FAR
DANCING	PLEASE STAY	WORD IS OUT
FINER FEELINGS	SHOCKED	WOW

132 Brad Pitt

```
B L G R E D A V H C T A N S S
T D D S K A L I F O R N I A M
C Q A N E V E L E S N A E C O
A O E Y I O M A P Y A C C U N
T J O T R M P R T E I I N T E
N F O L C R A R R K L X A T Y
O I A H W E F G A N W E M I B
C G Y S N O U T E O O M O N A
I H R L S N R W R M S E R G L
D T A E P O Y L A E O H E C L
O C S E Y P D S D V N T U L I
L L X P G W K E U L T F R A E
E U W E A P R V K E E L T S D
Y B O R M P K E Y W D D C S U
O T Z S E P B N S T L E B A B
```

ALLIED	JOHNNY SUEDE	SNATCH
BABEL	KALIFORNIA	SPY GAME
CONTACT	MEGAMIND	THE MEXICAN
COOL WORLD	MONEYBALL	TROY
CUTTING CLASS	OCEAN'S ELEVEN	TRUE ROMANCE
FIGHT CLUB	SEVEN	TWELVE MONKEYS
FURY	SLEEPERS	WORLD WAR Z

133 Photography

```
L E N S H U T T E R S P E E D
R N D P E T L A R E M A C S E
N R A O I T A R T C E P S A P
M R E R M O O Z P L U E O E T
I E D T K T R I P O D R S L H
C A U R L H S A L F J T X E O
R O R A P I B R T J P U R R F
Y B N I I I F E U W M R R E F
G N I T E K C A R B C E F L I
J R U T R D I F F U S E R B E
Z R U A H A E P A C S D N A L
F A A O E F S E S U C O F C D
W A G D I G I T A L L Y P A T
Y A T S P T M L A S M S B X F
B S X A D H K T M X U P S W E
```

APERTURE	DEPTH OF FIELD	FOCUS
ASPECT RATIO	DIFFUSER	LANDSCAPE
BRACKETING	DIGITAL	LENS
BURST MODE	EXPOSURE	PORTRAIT
CABLE RELEASE	FILM	SHUTTER SPEED
CAMERA	FILTER	TRIPOD
CONTRAST	FLASH	ZOOM

134 Talking

```
G G I V I N G F E E D B A C K
N N B A Z G N I S R E V N O C
I I P R A T T L I N G O A M H
T T C P O T Y D U K D B T M A
A A L U R A D S E I V L T U T
T L A B L E D E S N A A E N T
S U R L D T S C C P L T R I I
B C I I E E L E A L U H I C N
A I F S A O F S N S A E N A G
B T Y H S F S I V T T R G T Y
B R I I U I S D N X I I I I Q
L A N N N T A J T I I N N N B
I G G G O S S I P I N G G G G
N C O N V E Y I N G P G S D S
G N I G A S S E M P A T T Y M
```

ARTICULATING

BABBLING

BLATHERING

BROADCASTING

CHATTING

CLARIFYING

COMMUNICATING

CONVERSING

CONVEYING

DECLARING

DEFINING

DISCLOSING

GIVING FEEDBACK

GOSSIPING

MESSAGING

NATTERING

PASSING ON

PRATTLING

PRESENTING

PUBLISHING

STATING

135 Shapes

```
D X P X P C S O V A L N L E U
I T S R E K U J C E L P N T A
G M U U N R B P C T R S H B G
O Q A P T T M E C R A E H O D
N B A R A R O T R I X G H A E
N X L U G G H C X A R C O P B
R O E O O O R P G N U C W N S
B C G M N E L O O G H Q L S C
R S N A S G N E L L I P S E V
X R E C T A N G L E Y Z C R D
H I E R V P H S E L P G H T U
R N A K I T E N O N A G O N H
T O R O I D L H C O R R I N M
J Q Y W S J I B U T I P A Z U
T E V Z R Z X I N A P L U P F
```

CIRCLE	KITE	POLYGON
CRESCENT	NONAGON	RECTANGLE
DIGON	OBLONG	RHOMBUS
ELLIPSE	OCTAGON	SPHERE
HELIX	OVAL	SQUARE
HEPTAGON	PARALLELOGRAM	TOROID
HEXAGON	PENTAGON	TRIANGLE

136 US State Capitals

```
W T J U N E A U H E S I O B J
A U G U S T A T J U I A Z D C
F K A K L V R R E N L N L R I
F T E A I L P O F F O O B E A
P P N P M B Z S F A P S D R M
Y T S O O L N A E K A K O Q Y
A S U U N T A C R R N C V E V
R P B L T I S R S Q N A E A P
P O M U G A H A O A A J R P I
H T U L O G V M N U N S T F V
O E L O M U I E C R O T A V T
E C O N E A L N I X E T A B R
N K C O R E L T T I L B P F Y
I E S H Y O E O Y J T S A Q E
X Q B O S T O N L O C N I L O
```

ANNAPOLIS	FRANKFORT	MONTGOMERY
ATLANTA	HONOLULU	NASHVILLE
AUGUSTA	JACKSON	PHOENIX
BOISE	JEFFERSON CITY	SACRAMENTO
BOSTON	JUNEAU	SALEM
COLUMBUS	LINCOLN	SANTA FE
DOVER	LITTLE ROCK	TOPEKA

137 Cocktails

```
E R B I L A B U C O T N L E N
N I L E R C S Z X T K R S A I
A T U B I O E O O T M S I R Y
C R E R N S S M M O V S N T J
I E H A I M C B J I S S G H I
R N A M L O Q I A U M N A Q I
R W W B L P T E R R A P U N
U O A L E O H E A S F K O A A
H D I E B L T V E S P E R K T
Y N I Z Z I F S K C U B E E T
S U L B H T X F I P E I S Q A
R S P W B A C A R D I T L E H
T A Z T I N I T R A M E I J N
A S R K U C A I P I R I N H A
L A A V R A O E S U I R G S M
```

BACARDI	CUBA LIBRE	SINGAPORE SLING
BELLINI	EARTHQUAKE	SNAKEBITE
BLUE HAWAII	HURRICANE	SUNDOWNER
BRAMBLE	MANHATTAN	TOM COLLINS
BUCK'S FIZZ	MARTINI	VESPER
CAIPIRINHA	MIMOSA	WHITE RUSSIAN
COSMOPOLITAN	MOJITO	ZOMBIE

138 French Food and Drink

```
E  P  E  R  C  E  Q  T  T  U  R  R  D  P  L
T  E  U  R  G  O  U  L  E  F  Y  A  E  R  E
T  P  H  E  N  G  A  P  M  A  H  C  H  I  A
E  N  E  A  F  B  T  P  N  O  R  A  C  A  M
U  C  N  L  E  C  R  A  Y  J  A  F  O  P  R
G  C  I  P  L  N  E  I  Y  M  T  E  I  S  Q
A  R  E  S  F  I  Q  N  E  G  A  O  R  Q  W
B  O  L  V  F  T  U  P  I  B  T  G  B  G  K
D  I  E  S  U  A  A  E  H  V  O  T  A  T  S
G  S  D  N  O  T  R  R  F  L  U  I  K  P  A
O  S  A  A  S  E  T  D  I  E  I  A  O  Y  O
V  A  M  S  P  T  S  U  K  A  L  U  Q  O  U
A  N  O  T  E  R  B  R  A  F  L  L  T  O  B
E  T  O  G  R  A  C  S  E  E  E  C  I  W  C
N  O  U  G  A  T  H  E  T  D  Q  Y  E  M  G
```

BAGUETTE	ECLAIR	PAIN PERDU
BRIE	ESCARGOT	POULET
BRIOCHE	FAR BRETON	QUATRE-QUARTS
CHAMPAGNE	MACARON	RATATOUILLE
COQ AU VIN	MADELEINE	SOUFFLE
CREPE	MILLEFEUILLE	TARTE TATIN
CROISSANT	NOUGAT	TEURGOULE

139 Capital Cities of Europe

```
M R I K S N I M C P S U G S T
A F F I D R A C E I T K T N K
N N M V J E L U U O B R S A B
N U A A S U I N L I V R G C N
E X O J D T S E P A D U B K K
I B E K L R O V W F T K R T P
V A H Y R B I C A A J H Z T W
N N M E E A U D K P W G E L S
M I T R L U P J F H T D L N A
G S L E S S G R L F O S R X S
T I O B J R I A L I T L S U L
N R N Y U A I N R R R O M E L
C A D W A D T T K P F S G H L
E P O E X F E V E I K L X Q D
I Y N A K R I G A W T O T V S
```

ATHENS	LJUBLJANA	REYKJAVIK
BERLIN	LONDON	RIGA
BUDAPEST	MADRID	ROME
CARDIFF	MINSK	SOFIA
DUBLIN	OSLO	STOCKHOLM
HELSINKI	PARIS	VIENNA
KIEV	PRAGUE	VILNIUS

140 Physics

```
M  P  A  D  A  S  F  T  Q  H  E  U  E  X  A
U  G  G  A  M  M  A  R  A  Y  N  P  Q  H  R
T  G  D  A  B  S  O  L  U  T  E  Z  E  R  O
N  G  R  A  V  I  T  Y  S  D  R  I  I  U  T
E  E  C  I  T  T  A  L  B  R  G  I  X  T  C
M  U  R  T  C  E  P  S  S  X  Y  C  T  T  U
O  G  O  R  Q  N  O  I  T  A  I  D  A  R  D
M  C  H  A  R  G  E  V  M  R  E  S  A  L  N
I  T  Q  C  T  A  F  M  C  U  N  Y  Q  N  O
L  Y  U  M  U  M  E  U  B  M  O  L  U  O  C
E  L  A  W  A  T  I  R  S  J  E  W  A  I  R
F  O  R  C  E  T  R  S  E  I  X  T  E  S  E
J  P  K  R  F  D  T  S  E  P  O  T  G  S  P
F  D  P  P  U  Q  N  E  I  F  M  N  G  I  U
T  G  F  X  T  A  S  T  R  A  R  A  P  F  S
```

ABSOLUTE ZERO	FISSION	MAGNETISM
AMMETER	FORCE	MATTER
AMPERE	FUSION	MOMENTUM
CHARGE	GAMMA RAY	QUARK
CIRCUIT	GRAVITY	RADIATION
COULOMB	LASER	SPECTRUM
ENERGY	LATTICE	SUPERCONDUCTOR

141 Lots of Languages

```
J W L S O Y P S Q U D R U P T
R I F C W L A Q W U U D H L E
P V L T Z E U N H S I L O P P
L U E E Z E D H S I N N I F I
T I M S G S C I A T B V K G U
G T I E E E A H S H C N E R F
F P S U R N Z V K H I S S A R
K R H G M A A I K R B S I B E
R R S U A P E V A U A A T U U
M F P T N A I T A O R C A E O
I T A R A J U G I J A D L E E
P E N O R W E G I A N Z I L M
L I I P U N J A B I A E A S P
M H S I L G N E S P O A N N H
R P H O I P K M U A T A S H L
```

ARABIC	GERMAN	POLISH
CROATIAN	GUJARATI	PORTUGUESE
CZECH	ITALIAN	PUNJABI
ENGLISH	JAPANESE	RUSSIAN
FINNISH	JAVANESE	SPANISH
FLEMISH	KURDISH	SWEDISH
FRENCH	NORWEGIAN	URDU

142 Onomatopoeia

```
T  J  P  S  U  O  Y  L  W  L  S  L  V  E  G
M  Y  G  S  K  N  O  C  K  T  X  P  H  I  G
A  T  S  N  C  C  H  I  R  P  M  A  P  J  P
Q  S  O  R  A  S  U  T  L  E  E  M  O  Y  N
N  X  I  E  U  B  U  L  W  B  A  E  K  L  T
R  S  Y  H  Q  M  I  K  C  C  J  K  H  E  R
S  Z  L  T  S  T  R  A  T  T  L  E  Y  K  L
A  L  W  I  B  O  B  U  Z  Z  A  P  T  O
M  O  O  L  A  O  O  V  M  U  P  I  N  G  U
K  T  R  S  S  H  Y  H  L  V  A  A  A  G  Q
U  J  G  S  H  O  S  S  W  R  H  W  R  U  R
S  U  U  I  I  P  S  I  X  R  Y  D  Y  S  T
X  R  I  H  A  G  U  W  Z  O  I  O  N  S  I
C  G  R  U  R  B  T  S  S  Z  A  R  A  U  N
T  O  V  V  U  P  R  J  S  S  V  E  M  W  W
```

BANG	GROWL	QUACK
BASH	HISS	RATTLE
BUZZ	HOOT	SLITHER
CHIRP	KNOCK	SLOSH
CLANG	MOO	SWISH
CLUCK	MURMUR	WHOOSH
CREAK	PING	ZAP

143 Adjectives

```
V A G U E V Z F Y O R N H R R
R U G C X A A E L O H W N V B
T H S A C L S T R O U B L E D
T E U U E U E U R E C N A R S
N C O T L A P E O O C U G I L
A U D I L B U O M R T E H G F
T Q N O E L R P L I E R N H R
R T E U N E L I F I U G N T N
O O M S T I M U L A T I N G R
P P E E C S L X Y L N I S A V
M K R A O K P R A N I D C L D
I N T E R N A T I O N A L A T
E E L B I S S O P V P I N R L
D A T R U E Q E R H N E K T R
S A T V T S Q R P T T L V S A
```

BEAUTIFUL	INTERNATIONAL	TREMENDOUS
BRILLIANT	POLITICAL	TROUBLED
CAUTIOUS	POSSIBLE	TRUE
COMPLICATED	RECENT	VAGUE
DANGEROUS	RIGHT	VALUABLE
EXCELLENT	SKINNY	WHOLE
IMPORTANT	STIMULATING	YOUNG

144 At the Hotel

```
A R O O M N U M B E R M E R K
L M E R O O M S E R V I C E I
N S A S A B O F L O O R I S S
S O T E E B J R R R E V T T
H R I R T R I Y N V I C R A K
O C E T R I V N M I J E E U T
W H O P A S U A I I W P S R A
E E T N A M O S T M Y T N A L
R C P F C P R D L I C I W N Z
E K E C S I S O T A O O O T E
T I X R U A E W F T D N D L V
R N K M D T C R E N U I N O H
O M M O O R E L G N I S R B S
P O F L U G G A G E Y T U B C
C X S A B R E A K F A S T Y U
```

BREAKFAST	LUGGAGE	ROOM NUMBER
BRIDAL SUITE	MINIBAR	ROOM SERVICE
CHECK IN	NEWSPAPERS	SAFE
CONCIERGE	PORTER	SHOWER
FLOOR	RECEPTIONIST	SINGLE ROOM
INFORMATION	RESERVATION	TURNDOWN SERVICE
LOBBY	RESTAURANT	TWIN ROOM

145 Californian Lakes

```
R Q G P S B T S V F A B A B P
W I Q M A O J U Y M M A P M D
R N K S A D O N N E R L T I R
C A S T L E M E R A L D A R E
A T A D L A S R A N M W H R G
S O N C O N V I C T L I O O A
L M W R Y X H O N E Y N E R T
R A R E D N A S A L R E S O C
U P E K N R F U R O O I L D N
P L G A O S R Y H P R U M A T
D T E B O S I E T E C H O M A
S P K O S A R L I A U Q K A O
L K M A S U A T L I G V P V X
P W E M L K O C K E T N S G S
U Q C T B E O M R A K C K S Q
```

AMADOR	CROWLEY	MIRROR
ANTELOPE	DONNER	MURPHY
BAKER	ECHO	NATOMA
BALDWIN	ELLIS	OWENS
BASS	EMERALD	QUAIL
CASTLE	HONEY	TAHOE
CONVICT	LLOYD	TOLUCA

146 Floristry

```
C Y A J I U S I O R S U L F E
U V L N U S Q A V T Y E P A Z
L G N I R E Y A L P S I D A E
T T N O S E G A Y M D B S Y K
I N P I N G G N I P U O R G R
V R E A R Y N L L T B G B N Q
A C O M P O S I T I O N K I I
T S B F E C R O R P W I R D U
I H O L A G N R P E S R O N P
O T U T I H N D I B H E W A A
N A Q Q O S R A M M B T F B R
P E U L X P T L R O Y S A R V
S R E W O L F E H R O U E E P
T W T E R U T A M R A L L K F
S F Q U E D R R I S D C B T T
```

ARMATURE	CLUSTERING	LAYERING
ARRANGEMENT	COMPOSITION	LEAF WORK
BANDING	CULTIVATION	MIRRORING
BLOOM	DISPLAY	NOSEGAY
BOUQUET	FEATHERING	POSY
BUDS	FLOWERS	STEMS
BUTTONHOLE	GROUPING	WREATH

147 Air Travel

```
H T A X I I N G W V D U R T T
T S U R H T O G S Y A W E S M
F Q T H W D L I P T O K D S T
I H O T A I R B A L L O O N Y
L E G M D A N K C L Y A F U F
I L I E N V E G E H A V H A O
O I R E D O H T S L P S E L E
P C O M F L H V H R P U D C W
R O N F K U R G U U K M U O A
U P E N I G N E T E J B T N I
T T V T F R F D T V H P I T L
U E V O W H E E L S W S T R T
P R R Z B R E T E M I T L A I
H C T I P E C A P S R I A I E
E O O R G S A G N I D N A L W
```

AIRSPACE	HELICOPTER	SPACE SHUTTLE
ALTIMETER	HOT-AIR BALLOON	TAKE OFF
ALTITUDE	JET ENGINE	TAXIING
AUTOGIRO	LANDING	THRUST
CONTRAIL	LIFT	WHEELS
G-FORCE	PAYLOAD	WINGS
GLIDER	PITCH	YAW

148 Words Containing 'Cc'

```
M A P U U N K S R U B K R E F
D O Y D L E W I I O Q R G R V
T P R U C C O Q S B F K N A Y
S O L O C C I P R L J S C T P
I A O C C A B O T N R C I N U
R O S S E C C U S A I L N E D
O C X Y C C O C S N I O A N E
C C M T O U E T E B H T C I S
C U R L H Y A A I L X I C C I
O P I O S C H S C Y E L U C C
I A U R C X S L H P Z R R U C
W T Q A D E S U C C A M A T A
Q I T E C C E N T R I C T T T
O O A C C E N T A P T A E E E
U N A C C E P T A B L E T F C
```

ACCELERATE	ECCENTRIC	SIROCCO
ACCENT	FETTUCCINE	STACCATO
ACCESSIBILITY	INACCURATE	SUCCESSOR
ACCUSED	MOROCCO	TOBACCO
BROCCOLI	OCCUPATION	UNACCEPTABLE
COCCYX	OCCUR	VACCINE
DESICCATE	PICCOLO	YUCCA

149 In the Office

```
I  H  A  P  B  U  I  H  T  P  L  P  A  W  S
I  S  C  S  T  L  A  V  P  S  O  W  T  O  R
U  Y  P  N  O  I  T  P  E  C  E  R  H  S  I
R  J  D  P  U  R  I  V  T  M  S  E  R  T  A
R  U  R  E  I  P  O  C  O  T  O  H  P  R  H
P  P  A  R  A  S  E  U  G  A  E  L  L  O  C
I  S  O  S  S  D  S  L  R  E  L  P  A  T  S
I  G  B  D  R  E  L  O  O  C  R  E  T  A  W
R  Z  Y  E  E  S  I  I  G  H  W  S  A  R  X
O  C  E  R  T  U  C  C  N  E  L  A  N  G  S
T  E  K  A  U  L  I  A  M  E  C  D  A  E  A
I  I  A  O  P  P  L  A  N  T  S  I  E  T  P
N  A  S  G  M  E  E  T  I  N  G  S  F  S  E
O  L  W  K  O  P  R  I  N  T  E  R  G  F  K
M  C  E  F  C  P  L  A  N  N  E  R  E  I  O
```

CHAIRS	KEYBOARD	PLANTS
COLLEAGUES	MEETINGS	PRINTER
COMPUTERS	MONITOR	RECEPTION
DEADLINES	OFFICE GOSSIP	SCANNER
DESK	PENS	STAPLER
EMAIL	PHOTOCOPIER	TARGETS
HOLE PUNCH	PLANNER	WATER COOLER

150 Imaginary Creatures

```
Y O A E D T B A U N A M E E A
L F P M T G R I F F I N U F S
R N E F A I R Y A N R L I W N
S E G Z X I N E O H P T B E N
X O A C C P I T M E L O G O O
P R S R H Q A C C L I M L R G
F U U E A U R N Y R I T R J R
R C S U R E B R E C S N T T O
M A R D Y H U A Y K L W B H G
N C A R B U N C L E A O A L K
I L S S D H I P P Q T R P N H
B U N Y I P C G Z D P I K S L
M E D U S A O C P Y E A Q H L
S J Q Q D M R R I U I S A Z T
W O R U A T N E C O O U R K D
```

BUNYIP	GOBLIN	KRAKEN
CARBUNCLE	GOLEM	MEDUSA
CENTAUR	GORGON	MINOTAUR
CERBERUS	GREMLIN	PEGASUS
CHARYBDIS	GRIFFIN	PHOENIX
CYCLOPS	HARPY	UNICORN
FAIRY	HYDRA	YETI

151 Laboratory Equipment

```
E M W T E H E Z U A G E R I W
F B I I A E B R X D U V E D Q
T U U C B N G E O I C A P R U
E R N T R E X U L P V P P E U
O E F N T O A U F L R O O N U
W T L O E S S K X I J R R R S
P T A I U L E C E G R A D U F
D E S I C C A T O R W T R B U
M R K H A L U T A P S I N N E
L I E B I G C O N D E N S E R
C R U C I B L E T O N G S S C
F U M E C U P B O A R D X N L
S V R E P A P R E T L I F U A
Y Y P O F G O G G L E S B B M
Q A A P E T R I D I S H A O P
```

BEAKER	DESICCATOR	GOGGLES
BELL JAR	DROPPER	LIEBIG CONDENSER
BUNSEN BURNER	EVAPORATING DISH	MICROSCOPE
BURETTE	FILTER PAPER	PETRI DISH
CENTRIFUGE	FLASK	SPATULA
CLAMP	FUME CUPBOARD	TEST TUBE
CRUCIBLE TONGS	FUNNEL	WIRE GAUZE

152 Prepositions

```
E  S  N  E  Z  Z  W  A  B  J  V  O  T  S  H
G  U  E  C  N  I  S  E  V  O  B  A  J  L  P
N  R  C  A  T  C  F  R  O  M  C  E  R  I  Q
I  B  O  H  A  O  B  N  S  Y  S  P  B  S  B
D  E  I  G  R  N  E  F  N  W  S  T  L  L  W
R  N  E  E  W  T  E  B  N  E  O  S  N  D  S
A  E  U  D  S  I  U  M  M  R  A  T  O  P  B
G  A  B  I  S  P  T  O  T  D  I  W  Z  E  R
E  T  I  S  O  P  P  O  H  D  N  U  O  R  A
R  H  O  T  R  R  B  L  R  T  S  O  R  B  E
P  B  Q  U  C  E  E  J  O  N  I  I  Y  T  N
A  P  E  O  A  D  H  R  U  Y  D  W  O  E  I
L  L  D  T  S  N  I  A  G  A  E  Z  T  O  B
T  U  P  R  Y  U  N  R  H  U  L  R  H  L  K
B  P  B  J  A  R  D  E  A  P  W  R  V  E  Y
```

ABOVE	BETWEEN	OUTSIDE
ACROSS	BEYOND	REGARDING
AGAINST	DOWN	SINCE
AROUND	FROM	THROUGH
BEFORE	INSIDE	UNDER
BEHIND	NEAR	WITHIN
BENEATH	OPPOSITE	WITHOUT

153 US Hot Springs

```
O M T I A B I L C K T X C D A
F O V M A P W M M W O H A D I
D R C A S R L U I I W P N B B
M Z I T O E D I R L P W A T O
G C R E A V T D A B W I V L M
I J C I A O K A C U D L O S M
Q L L R N R N R L R T L L H E
A U E R E G X S E S T E O A L
U I T U H D C B E M T T P K
I Y U M C P I N K S L T A O Q
L I U M E R C E Y A R G V N S
U J Y A R U O M K F O R F O A
B A I S T U X E W S I S E T P
T L L G G Q R H A R B I N T S
X P X H F C N R R S V V A F V
```

CHENA	MCCREDIE	RADIUM
CIRCLE	MERCEY	SLATES
GROVER	MIRACLE	SOL DUC
HARBIN	MURRIETA	TOLOVANA
HOT LAKE	OURAY	TONOPAH
IDAHO	PAGOSA	WILBUR
KEOUGH	PALM	WILLETT

154 Roman Emperors

```
I  O  J  J  L  S  N  D  I  F  E  R  O  I  S
M  A  M  R  S  E  U  A  O  H  T  O  P  J  A
A  Y  F  V  R  U  H  I  S  M  D  B  A  G  R
E  G  T  V  T  A  L  K  D  N  I  I  E  P  A
E  A  A  V  D  I  D  L  E  U  M  T  V  R  T
I  L  C  R  A  E  T  R  A  J  A  N  I  U  R
S  B  I  A  V  P  O  U  T  G  Y  L  I  A  S
U  A  T  L  I  U  I  T  S  X  S  T  C  U  N
N  I  U  U  T  P  U  I  C  A  R  D  O  G  M
I  T  S  G  E  I  T  B  T  N  O  E  M  U  L
R  A  V  I  L  E  A  E  U  I  R  R  M  S  S
C  I  U  L  L  N  F  R  R  T  Q  I  O  T  S
A  R  O  A  I  U  A  I  D  R  T  E  D  U  J
M  A  R  C  U  S  A  U  R  E  L  I  U  S  T
A  B  M  R  S  F  D  S  W  P  P  I  S  H  G
```

AUGUSTUS	GETA	PERTINAX
CALIGULA	HADRIAN	PUPIENUS
CLAUDIUS	MACRINUS	TACITUS
COMMODUS	MARCUS AURELIUS	TIBERIUS
DOMITIAN	NERO	TITUS
GALBA	NERVA	TRAJAN
GALLUS	OTHO	VITELLIUS

155 Deserts

```
E Q O G V E G E N A N C K Z D
D X S P W G U C R N O S B I G
N S L Y I N B P M L S R B I P
K N N U R G A G O N P Y W L E
U O A I P I N R A V M A R K H
T G R I P M A A A B I M A N T
I B O G B D Y N R H S L N O T
J M N Q O A Z D A T A C A M A
R Q O T T M R B K H C S Y S D
I M S N S U P A A W Z Y B I W
M X Q S T Y B R R M E X I F M
C G T O T E I A A N N P L U A
H S J A B S M H K B X R P A P
N R X Q N M U T U U Z L A N J
P L B E S P T S M O J A V E L
```

ARABIAN	KALAHARI	RANGIPO
ATACAMA	KARA KUM	SAHARA
COLORADO	LIBYAN	SIMPSON
GIBSON	MOJAVE	SONORAN
GOBI	MONTE	SYRIAN
GRAND BARA	NAMIB	THAR
GUBAN	NEGEV	YUMA

156 Red Grapes

```
A K R P P V R Z R W D T L A T
R T A A N E N I R A C Q V H T
D I W S Q S U P V W E R H E C
S I P U S P U N B D O M I N A
F V F E D O L C E T T O S E N
T O E X T L R S S R K Y F Y A
D U R R E I C A G N U L A R I
A M S T G N T G B L D O L E O
P O H U A A R R L L O V B T L
X N G O T N L A O K A A K I O
P I F D O H A N V U G R L B T
D C F V N V Y T P I G N O L O
U A G L I A N I C O W E Z A S
R S A L P A G N I M A T V Q Z
W H K M A V R O I N M I L S R
```

AGLIANICO	FER	PETIT ROUGE
ALBAROSSA	FORTANA	PIGNOLO
CAGNULARI	LIMNIO	PINOTAGE
CANAIOLO	MAVRO	SAGRANTINO
CARINENA	MONICA	TAMINGA
DOLCETTO	NEYRET	TIBOUREN
DOMINA	PAIS	VESPOLINA

157 Email

```
L C X B S Y L P E R E D L O F
X A B T U S E N D E R Z N R N
B R Q O B G I X N H U I R V E
L B V V J S E N T I T E M S W
A O A S E L U R E G A S S E M
C N W K C O L B R H N Y A U E
K C I P T X S G E P G D W J S
L O B T R V N D D R I M A P S
I P Z R U I C O A I S S T D A
S Y D N H B O B E O E V Y R G
T Z E S O Y Q R H R L E A A E
Z K I U X Z G O I I A N L W F
P H N E W S L E T T E R W R Q
P C G U Q K E C B Y Y E Q O L
E N T S J M D N I I T R F F D
```

BLACKLIST	HEADER	PHISHING
BLOCK	HIGH PRIORITY	REPLY
BOUNCE	JUNK	SENDER
CARBON COPY	LOW PRIORITY	SENT ITEMS
DOWNLOAD	MESSAGE RULES	SIGNATURE
FOLDER	NEW MESSAGE	SPAM
FORWARD	NEWSLETTER	SUBJECT

158 European Countries

```
U  L  P  R  O  S  S  L  I  T  A  L  Y  V  K
Y  I  S  D  O  X  T  C  V  C  R  Y  P  M  R
U  P  U  R  M  R  E  Z  T  W  S  J  A  O  A
A  Y  S  F  A  L  A  N  S  S  B  L  M  E  M
I  I  F  R  A  N  C  E  I  E  T  A  O  G  N
N  G  R  N  S  C  O  T  L  A  N  D  E  R  E
O  M  D  T  P  Q  O  G  D  I  R  R  Y  E  D
T  L  G  D  S  E  I  F  A  N  M  K  C  E  K
S  D  L  P  N  U  N  Y  P  A  A  W  U  C  J
E  Y  N  J  M  A  A  G  N  B  J  L  T  E  T
C  W  A  A  A  J  L  Y  L  L  R  T  E  S  Q
D  M  P  W  L  H  U  N  G  A  R  Y  T  R  S
R  P  B  C  R  O  A  T  I  A  N  T  E  T  I
O  R  I  A  N  O  P  R  Y  F  R  D  N  T  R
U  K  B  E  R  J  N  S  T  B  T  O  E  U  R
```

ALBANIA	FINLAND	ITALY
AUSTRIA	FRANCE	MALTA
BELGIUM	GERMANY	NORWAY
CROATIA	GREECE	POLAND
DENMARK	HUNGARY	ROMANIA
ENGLAND	ICELAND	SCOTLAND
ESTONIA	IRELAND	UKRAINE

159 Words with Multiple Meanings

```
F W Y A K G R C U K D K P U E
U A K J L D T W T X S F O L R
Y E K R U T U Z H T O Q R P J
G E N E R A L I P U P E C B B
A T C H I C K E N R Z I A A N
A A L C A V E D M I O X R R W
Z T U T G R E K T R Q K A T E
Y S B I E R S W C B N K J I E
U D X P S N E Q K O S O O S F
X L X O O Y I M W H R J B U R
A E O U L E H B O G M L D A B
B M L N C P U W A T A G N D B
S R T D G V E N Q C E Q R A L
L P F H B R R Y U O B K O J F
L S S G T S J O S F A C L K A
```

BARK

BEAM

CABINET

CAVE

CHICKEN

CLOSE

CLUB

FOUNDER

FUDGE

GENERAL

KNOW

LONG

ORGAN

PITCHER

POUND

PUPIL

REMOTE

ROCK

SHOWER

STATE

TURKEY

160 Galaxies

```
U B C I G A R X Q L J V A G R
K L O O P L R I H W U G Z U N
T E M D B E A H S I F R A T S
S E E C E N T A U R U S A C O
H H T F T S O Y A W Y K L I M
S W S R R E W O L F N U S B
E N C D I A D U V O S I E F R
S I A F R A W D X A N R O F E
C P U T N A N D R O M E D A R
U R T A X B N G O I U S A Y O
L N C D A E Z R U C H L I T U
P U O P B I S R A L A P O I R
T P H O E N I X L B U R S M V
O T E L D N I P S I L M D C C
R R Z E P I G C L I E R P R R
```

ANDROMEDA	FORNAX DWARF	SPINDLE
BARNARD'S	MILKY WAY	STARFISH
BODE'S	PHOENIX	SUNFLOWER
CENTAURUS A	PINWHEEL	TADPOLE
CIGAR	SCULPTOR	TRIANGULUM
COMET	SEXTANS	TUCANA DWARF
DRACO DWARF	SOMBRERO	WHIRLPOOL

161 Counties of England

```
E R I H S K C I W R A W A D C
R R W M I D D L E S E X M U O
I E I A I R B M U C N R F R R
H T S H H E R I H S P M A H N
S S X G S E R E L R J Z E A W
D E Y N C D R I T N E K R M A
R C P I H E R I H S A C N A L
O U J T E S D O H S E A L L L
F O P T S S Q O F S P C K O P
F L A O H E M S R D Y O I J P
A G U N I X S K R S E B R E R
T R D E R I H S K R E B R H L
S T S T E S R E M O S T L E S
P P E T R K L O F F U S T R D
Y Y T T K I F H E J L O R U U
```

BEDFORDSHIRE	DURHAM	MIDDLESEX
BERKSHIRE	ESSEX	NOTTINGHAM
CHESHIRE	GLOUCESTER	SHROPSHIRE
CORNWALL	HAMPSHIRE	SOMERSET
CUMBRIA	KENT	STAFFORDSHIRE
DERBYSHIRE	LANCASHIRE	SUFFOLK
DORSET	LEICESTER	WARWICKSHIRE

162 Around Scotland

```
L K L S H G P N D U Q D X Z D
Y Q R E X I K I M E L D O N A
M D E I R Z I N V E R N E S S
S G L G K G L A S G O W S T E
J R S I D L M E K A B D E I I
E E S R V I A B W R H T H R R
L E R W Z I R F F B R B T L F
N N D E D I N B U R G H O I M
E O P N R Z O G T O Q D R N U
E C T V U X C L S A A F N G D
D K I L R D K J Z T O T E R T
R N P A I S L E Y H O C L D U
E A Y C A M B U S L A N G T A
B R T P B E A R S D E N R N F
A M U P E R T H W F X D P H K
```

ABERDEEN	DUNDEE	INVERNESS
ARBROATH	EDINBURGH	IRVINE
AYR	FALKIRK	KILMARNOCK
BEARSDEN	GLASGOW	LIVINGSTON
CAMBUSLANG	GLENROTHES	PAISLEY
COATBRIDGE	GREENOCK	PERTH
DUMFRIES	HAMILTON	STIRLING

163 Star Trek Races

```
B A J O R A N A V T U X O X A
T R S S Z R N T R O G E R W T
E S E U C C G R O B I G A H O
T B B E T A Z O I D N A B N O
B B C U C D D H S V N T Y Q A
S N O G N I L K O U A T I O P
L N F C H A N G E L I N G M I
R V C Z T N M A A C R S N R D
A X A N A R T X R A A U E R U
I N E G O R I H R N M M R B E
T H O L I A N B J S A M E W E
A R C L N H S T B N C T F G A
N O L E G R O M U L A N R S A
P G O I P A M T S R E N S O S
E R M R R D R S M T W Y P T V
```

ACAMARIAN	CHANGELING	ROMULAN
ARCADIAN	FERENGI	TALAXIAN
AXANAR	GORN	THOLIAN
BAJORAN	HIROGEN	TRIBBLE
BANDI	HORTA	TRILL
BETAZOID	KLINGON	VORTA
BORG	REMAN	VULCANS

164 Ed Sheeran Songs

```
T  I  A  L  L  O  F  T  H  E  S  T  A  R  S
X  H  M  A  A  E  S  E  F  I  R  E  N  E  T
L  H  E  A  J  Y  V  T  H  R  S  Q  U  N  M
S  P  T  M  M  G  I  V  E  M  E  L  O  V  E
M  A  E  T  A  E  H  T  C  E  F  R  E  P  K
A  R  V  S  S  N  S  H  A  P  P  I  E  R  K
L  G  O  H  A  H  U  S  N  L  F  R  T  E  C
L  O  L  D  S  C  H  O  O  L  L  O  V  E  A
B  T  E  S  H  A  P  E  O  F  Y  O  U  I  B
U  O  R  U  X  T  V  S  F  V  D  O  N  T  T
M  H  I  B  L  O  O  D  S  T  R  E  A  M  I
P  P  F  R  C  A  L  E  G  O  H  O  U  S  E
S  B  A  U  X  O  L  I  Q  T  D  R  U  N  K
L  S  E  S  T  O  O  D  Z  O  A  R  U  D  A
A  M  I  A  G  N  I  S  E  E  F  I  R  E  T
```

AFIRE LOVE	I SEE FIRE	SHAPE OF YOU
ALL OF THE STARS	I'M A MESS	SING
BLOODSTREAM	LAY IT ALL ON ME	SMALL BUMP
DON'T	LEGO HOUSE	TAKE IT BACK
DRUNK	OLD SCHOOL LOVE	TENERIFE SEA
GIVE ME LOVE	PERFECT	THE A TEAM
HAPPIER	PHOTOGRAPH	THE MAN

165 The Arlington Million

```
N E I L O C N A L B E P A C O
I A P T I U R U E W O O H K E
L E M R N T E A R E L A G L M
R A G A R O T C O D R A E D O
A I E W Z H P L S D A E S A L
M S U T O Z E O E N F I I Y O
D E T L S D I S I M O O R A T
I N L M Y I T P S G I E K L I
L O I G D C L P E T V K N A G
W T R L O R T A P H C A E B H
M I I R N E L N I E T S K M T
E R E Y S S U B E D B J C A S
C I N A M A L U S Z N C I J P
K P E R R A U L T P L O K V O
E S T R A P A D E B R E M S T
```

BEACH PATROL	HARDEST CORE	PERRAULT
BEAT HOLLOW	JAMBALAYA	SPIRIT ONE
CAPE BLANCO	KICKEN KRIS	STEINLEN
DEAR DOCTOR	LITTLE MIKE	SULAMANI
DEBUSSY	MARLIN	THE PIZZA MAN
ESTRAPADE	MECKE	TIGHT SPOT
GIO PONTI	MONDIALISTE	TOLOMEO

166 Fairy Tale Characters

```
F X A N I L E B M U H T M O T
L I T T L E M E R M A I D O I
O R E H T O M D O G Y R I A F
W T A C E R I H S E H C K R U
D L S M X F O S E E L L E B W
A R T T S O R F R E H T A F O
B R O Z E S N O W W H I T E R
G A O B Y L R I G E S O O G O
I P B M I R G E L P P A D G T
B U N P U N N E V A R E H T T
G N I M R A H C E C N I R P E
I Z S Y L O C O J A J E N S P
B E S O I H C C O N I P E C P
W L U A L L E R E D N I C G E
A T P O H B L U E B E A R D G
```

BELLE	FATHER FROST	RAPUNZEL
BIG BAD WOLF	GEPPETTO	ROBIN HOOD
BLUEBEARD	GOOSE GIRL	SNOW WHITE
CHESHIRE CAT	LITTLE MERMAID	THE FROG PRINCE
CINDERELLA	PINOCCHIO	THE RAVEN
DAPPLEGRIM	PRINCE CHARMING	THUMBELINA
FAIRY GODMOTHER	PUSS IN BOOTS	TOM THUMB

167 'K' Words

```
U D O P N K R E Z T U B B I K
A I S K I N E T I C D K P N K
S H D J P U U Y T O A T U I L
F S S I G T P X P N X C T T E
I P I M N F A T S A K E J A L
K I C K I N G A B L D L O R A
A E K E K A S P E E K G N E A
L P N S O O R A G N A K A K K
W D E N I O U U O R R W Z O N
S E A C E L R W P E M E D S L
C R D S S L L T S K A O C U S
X D R D N E H C T I K Y S A S
Y N Z A D R A O B Y E K U E R
V I V G D V X A R L S V R Z Y
Y K E Y S T O N E Q S S R J B
```

KANGAROO	KEYBOARD	KINGPIN
KANSAS	KEYPAD	KISS
KARMA	KEYSTONE	KITCHEN
KEEPSAKE	KIBBUTZ	KITE
KENNEL	KICKING	KNEAD
KERATIN	KINDRED	KNOWLEDGE
KERNEL	KINETIC	KNUCKLE

168 At the Casino

```
I  P  E  Y  N  U  S  T  J  S  S  O  Q  F  U
G  H  C  P  J  H  O  U  S  E  E  D  G  E  B
T  R  T  I  M  I  L  G  N  I  T  T  E  B  L
H  A  E  T  K  A  S  N  W  O  K  X  A  E  A
R  Q  U  G  C  D  C  I  T  Y  B  L  I  V  C
C  C  B  K  A  E  R  T  S  T  O  H  Y  I  K
J  A  O  K  R  W  O  N  E  I  T  C  S  D  J
W  T  R  U  O  P  U  U  Q  R  A  B  P  A  A
L  S  I  D  U  O  P  O  T  U  E  Y  I  R  C
Z  Y  T  D  S  K  I  C  R  C  Q  M  H  X  K
P  O  T  O  E  E  E  D  A  E  U  R  C  O  I
H  P  L  S  L  R  R  R  S  S  N  A  S  E  L
U  A  U  R  X  S  C  A  I  U  O  N  G  R  X
O  G  N  I  B  A  C  C  A  R  A  T  I  A  L
U  L  B  D  S  T  T  W  E  K  B  R  N  W  P
```

BACCARAT	CAROUSEL	HOUSE EDGE
BAR	CASH BONUS	MUSIC
BETTING LIMIT	CHIPS	POKER
BINGO	CREDIT	SECURITY
BLACKJACK	CROUPIER	SLOTS
CARD COUNTING	HAND	WAGER
CARDS	HOT STREAK	WINNER

169 Barcelona

```
B P O J S T R O C S E L V L R
A A T U S I A I N O L A T A C
A I R E U Q O B A L S R C F S
L A L L E U G K R A P A I Q I
I O R I M N A O J G S M D H R
M A E C M E T R O A U B U L R
A R D O H A I K B J S L A A A
S K R T E I F A T A S A G S B
A A L L E V T A T U I C I M U
C G L B E L V E D H E E N E O
U P A B L O P I C A S S O N N
G L L O B R E G A T R L T I P
V S A N T A N D R E U G N N M
A S M O N T J U I C R R A A A
P O R T V E L L R T O L E S C
```

ANTONI GAUDI	JOAN MIRO	MONTJUIC
ARCHITECTURE	LA BOQUERIA	NOU BARRIS
CAMP NOU	LA RAMBLA	PABLO PICASSO
CASA BATLLO	LAS MENINAS	PARK GUELL
CASA MILA	LES CORTS	PORT VELL
CATALONIA	LLOBREGAT	SAGRADA FAMILIA
CIUTAT VELLA	METRO	SANT ANDREU

170 Pig Breeds

```
S G T O U R E B H I A V D Z P
U Y O Z T N N E C I R G K I R
T M D H N V U R Z H U M M F R
U H F E A X K K D I R U P P G
M A R B B E E S C D E K B P Q
T M S E L P N H O L T O A P Q
T P U T D K U I R A R T O O S
O S P L I W K R U R N A A L E
F H I L E L A E D G A M C H P
E I E A B F A T X E H W E S E
A R T T E A O G T B S O Y I D
L E R T X P Z O N L I R U T U
H B A X U Y E N T A E T T I R
G N I J G N E F A C M H N R P
H S N A I R E B I K C A L B Q
```

BA XUYEN	FENGJING	MEISHAN
BANTU	GRICE	MUKOTA
BAZNA	GUINEA HOG	MULEFOOT
BERKSHIRE	HAMPSHIRE	PIETRAIN
BLACK IBERIAN	KUNEKUNE	RED WATTLE
BRITISH LOP	LARGE BLACK	TAMWORTH
DUROC	MANGALITSA	URZHUM

171 Poems by
William Wordsworth

```
O A A C H A R A C T E R V G Z
A T A N I G H T T H O U G H T
S S L X K L L E W E R A F A H
Y R A M O T P M T K T E X I G
F E O G I A I E Y N D D P I S
D I P I G N Y A R G Y C U L E
E A D E T E R L O O H C K A R
S P F E N I B D M F C W R O O
I I E F L T N I E S T E J D F
D I W E O I A O M W E H D A S
E V F A L D T N M E K T B M V
R D T S O S I Y C D S T V I G
I L M J P X O L S E A A L A F
A R S S L E R T S N I M D T A
```

A CHARACTER	DESIDERIA	MEMORY
A FAREWELL	DION	MINSTRELS
A NIGHT THOUGHT	FIDELITY	MUTABILITY
A SKETCH	FORESIGHT	REPENTANCE
ADMONITION	LAODAMIA	THE KING OF SWEDEN
BEGGARS	LUCY GRAY	TO MARY
DAFFODILS	MATTHEW	TO SLEEP

172 Female Authors

```
G E O R G E E L I O T R E E Y
N O R A R O B E R T S E Z C E
V I R G I N I A W O O L F I L
A S Z A D I E S M I T H C R L
V R H T A L P A I V L Y S E E
E J U H A R P E R L E E H N H
N K J A C K I E C O L L I N S
I R R C S R R D N A R N Y A Y
D O A H A L I C E W A L K E R
B W M R J A N E A U S T E N A
L L Y I P E M U L B Y D U J M
Y I T S U N O I D I D N A O J
T N A T O N I M O R R I S O N
O G N I D L E I F N E L E H H
N G R E T T O P X I R T A E B
```

AGATHA CHRISTIE	GEORGE ELIOT	JUDY BLUME
ALICE WALKER	HARPER LEE	MARY SHELLEY
AMY TAN	HELEN FIELDING	NORA ROBERTS
ANNE RICE	J. K. ROWLING	SYLVIA PLATH
AYN RAND	JACKIE COLLINS	TONI MORRISON
BEATRIX POTTER	JANE AUSTEN	VIRGINIA WOOLF
ENID BLYTON	JOAN DIDION	ZADIE SMITH

173 Hats

```
T R Q T Y B R L G S T U N R T
E E A O U O B P U F O W J D J
I R R S T S T E T S O N S U B
S L O A D H H K A R G B R R A
R M D T S P O A C N S E S I S
A N E J A V B M N R I R T O E
I S F J D I X M B K K E A Y B
C H O A T G V L N U A T H W A
G Q L R E K L A T S R E E D L
N T W H T B S R H P A G L X L
S O M B R E R O A E K W B Y C
C Q M S O V X M Q A U D B T A
Z U Z G M T Q L R E L W O B P
K E P I A L L A P U H C B A U
W Z F E L K Y B L I R T G S G
```

AVIATOR	CHUPALLA	KEPI
BALMORAL	CROWN	SOMBRERO
BASEBALL CAP	DEERSTALKER	STETSON
BEANIE	FEDORA	TOQUE
BERET	FEZ	TOY
BOBBLE HAT	HOMBURG	TRILBY
BOWLER	KARAKUL	USHANKA

174 UK Prime Ministers

```
H A G T C Q A C H J G R S H H
E B L T G Q L P L Y M N M A L
A A N O R E M A C A L E N B S
T S S E E H P B C M L I C A B
H O Q L N U O M F B T E H G L
D V B U V A I L O A D E U Y A
X P R T I L H U T E R N R S I
K S O H L T R G N Q D O C I R
A R W A L N H A A I T T H T U
E U N T E I T R S L W S I A O
G S B C S T I R F E L D L K F
I E E H L M A C D O N A L D L
L I X E P E E L H T U L C A A
U I E R L C A N N I N G B E B
R D W I P A U I I J Y M S P I
```

ASQUITH	CAMERON	HEATH
ATTLEE	CANNING	MACDONALD
BALDWIN	CHURCHILL	MACMILLAN
BALFOUR	DISRAELI	MAY
BLAIR	EDEN	MELBOURNE
BROWN	GLADSTONE	PEEL
CALLAGHAN	GRENVILLE	THATCHER

175 ABBA

```
S D B A R O O L R E T A W S F
S S U P E R T R O U P E R U U
J U G V A I M A M M A M D T Z
D F S N O H D E X S S A I Y G
U O P I I U P Y E E N K R O B
N E A U Y R L W Y C R A F D Z
R N G N O X G E I V E T I N P
O O N U G R L N Z U D I N A G
J E E U K E G Y I V N T N N P
B J T L G Q N P X R O I A R U
S T H N U O M P O U W U A E F
O Q A E E L G A E P I Q S F G
S W E D I S H H M Y U I I Z P
U N D E R A T T A C K H Z K S
K A S R R E S D S P N C Y V S
```

AGNETHA	EAGLE	RING RING
ANGELEYES	FERNANDO	SOS
ANNI-FRID	HAPPY NEW YEAR	SUPER TROUPER
BENNY	I WONDER	SWEDISH
BJORN	MAMMA MIA	UNDER ATTACK
CHIQUITITA	ONE OF US	VOULEZ-VOUS
DANCING QUEEN	POP GROUP	WATERLOO

176 Chemical Elements

```
G H Q B O J J E D Y W P M S B
N N U S Y S C A L C I U M S U
E O M R J J H R O Z I J U U R
A B E L P E I G G D A M I V Z
B R E N V X E N I R O U L F D
T A G U M N M B A L R I E U G
D C R O E U U N B T H H U O
E R O I N R I N I T L T D B R
B G T P U X L B T T A I Y S D
K P S I P M L R R N N L Q B L
N R T D P E Y O O E O O V P L
I S I L V E R M G G T R R P K
E U K O A Q E I E Y R A I T O
B Q B R L T B N N X S X Q O S
P D T O A M S E C O B A L T F
```

ARGON	COPPER	NEON
BARIUM	FLUORINE	NITROGEN
BERYLLIUM	GOLD	OXYGEN
BROMINE	HELIUM	RUBIDIUM
CALCIUM	IRON	SILVER
CARBON	LEAD	STRONTIUM
COBALT	LITHIUM	TERBIUM

177 US Presidents

```
B A R Q L I T L S X R R S G Z
H D Q T N O S K C A J U V I L
N A M U R T M O N R O E Z W K
P M R M S P O C J N L V R B A
T S O R A L J E K I A F P Y U
R Y Q Y I D M I N I Q I C K L
U A L D F S I C Q T N L I L Q
M O G E R O O S E V E L T L U
P E T N R L B N O V P M E B A
G C R N N J A S E N Z O T Y X
A R L E S I M L T T S R L V S
A E W K U A A H O O V E R O P
W I L S O N O S R E F F E J O
S P C A D A I J O H N S O N Z
K I T D T I S P C A E G S E I
```

ADAMS	JEFFERSON	OBAMA
CLEVELAND	JOHNSON	PIERCE
COOLIDGE	KENNEDY	ROOSEVELT
FILLMORE	LINCOLN	TRUMAN
HARRISON	MADISON	TRUMP
HOOVER	MCKINLEY	TYLER
JACKSON	MONROE	WILSON

178 Coldplay

```
M Q V S E T U H C A R A P S F
G I S P O G R E E N E Y E S U
E Z R P R H R R U I C T A L K
S N U A E E S Y O H I E R O W
I W N Y C E R U Y C N F N V X
D O O S E L D R X F A A G I C
A R O D C L E O I O P S I V A
R B S S A I L S F S T E S A O
A E U Z L H N O R S N L G L S
P I O L P T S R W E O B N A W
U L Y A Y E K E U C D U I V R
I R E O M L C V T N Y O N I L
I A E A N O O I Z I T R R D S
G H S F I I L H T R H T A A G
E C B T R V C S A P L W W V T
```

CHARLIE BROWN	PARACHUTES	TALK
CLOCKS	PARADISE	TROUBLE
DON'T PANIC	PRINCESS OF CHINA	VIOLET HILL
FIX YOU	SAFETY	VIVA LA VIDA
GREEN EYES	SEE YOU SOON	WARNING SIGN
IN MY PLACE	SHIVER	WHITE SHADOWS
MIRACLES	SPEED OF SOUND	YELLOW

179 Breeds of Cat

```
S B U R M E S E A R M P P S K
N A T U R Z A T D A R A U R V
Y F O S K J U B V E O L N U F
L D E S E M A I S S N T L X N
B A L I B T H G N U L E B E N
U L G A M E R I C A N C U R L
R M C N B D O N S K O Y G N L
N B I B E R U H Z T T S L O O
X O R L Q B E K S D A P C V D
Q M M U N H T T R W R H H E G
Q B Y E Z O P P E T O Y A D A
T A C I C O G S L P K N U U R
N Y P E R S I A N L T X S E U
R B H X U E R T R A H C I S J
C V A I A I U I E D F U E J N
```

AMERICAN CURL

BENGAL

BOMBAY

BURMESE

CHARTREUX

CHAUSIE

CYMRIC

DEVON REX

DONSKOY

DRAGON LI

KORAT

MANX

NEBELUNG

OCICAT

PERSIAN

PETERBALD

RAGDOLL

RUSSIAN BLUE

SIAMESE

SNOWSHOE

SPHYNX

180 Poets

```
S E O J F T T U H A D Q S R B
Z E W E O D N E D U A E W I D
T S O R F N S A F J K F U F M
C T F I W S G F A I S X S E H
L A D F E N Y N E S B I F P A
O E O I I S G B Q G M N W P A
V Y E L L E H S T Z S U P P G
A T P L L X N Z A E K A L B U
D I O O I T A T W M O I O O R
K R U R P O M B O Y O N R T R
I H O R Q N T T O E R H Y R P
E H E A D D I S O N B R T Z G
O R G C W O H K L A T W E S E
R D E J N R W D O E Q T E U U
C R P O L U K X A H F T G R U
```

ADDISON	ELIOT	MOTION
ANGELOU	FROST	SEXTON
AUDEN	HEANEY	SHELLEY
BLAKE	HESSE	SWIFT
BROOKS	IBSEN	THOMAS
CARROLL	JONG	WHITMAN
DUFFY	KIPLING	YEATS

181 Mathematics

```
N O I T A C I L P I T L U M A
L A M I C E D A O S X D T N K
D V A R I A B L E M M A G X U
B N G T N Y O V R A P L O G F
N O I T A I T N E R E F F I D
O I N O I S I V I D F R N C B
I T A P D S Q U A R E R O O T
T C R U E O R O A B M F I N O
A A Y P M A E C M W A N T S R
R R N O J L T U L C T I I T R
G T U P B I N L T E R P D A W
E B M C O L O O G L I X D N X
T U B N A C R E J H X U A T T
N S E E R G R A R K A Y I R L
I A R B E G L A X I S H H N E
```

ADDITION	DIVISION	MATRIX
ALGEBRA	FACTOR	MEDIAN
ANGLE	FRACTION	MULTIPLICATION
AXIS	IMAGINARY NUMBER	REAL NUMBER
CONSTANT	INTEGER	SQUARE ROOT
DECIMAL	INTEGRATION	SUBTRACTION
DIFFERENTIATION	LEMMA	VARIABLE

182 IT Terms

```
Z F W T F L Q E P V I Z Q E B
P A R I T Y Y O H U J R U S U
C C B A U D R A T E U I W K R
O A Y C G O A Q M P S I T P T
M N T C R M H T I R O G L A Z
P H E E D A E N A G S A T R P
R M N S I I G N S B T A V A T
E O C S N N P T T E A G I L R
S L R P N N T A N A E S R L G
S R Y O S A R C D S T T E E A
I S P I E M Y C O D L I V L P
O Q T N Z E H C A C R E O I R
N O I T A C O L O E G E R N T
P B O O T C Y C L E R R S K S
T E N R E H T E L V I R U S X
```

ACCESS POINT	COMPRESSION	GREP
ALGORITHM	DATABASE	IP ADDRESS
ALIAS	DOMAIN NAME	LATENCY
BAUD RATE	ENCRYPTION	PARALLEL
BOOT CYCLE	ETHERNET	PARITY
BYTE	FRAGMENTATION	PING
CACHE	GEOLOCATION	VIRUS

183 Relaxation

```
D Y M R O P G N I R E P M A P
G G T T U E E R H A U K R Q S
Y I N A Z W A R M S H O W E R
X N O I T A T I D E M O E D T
R R F C K P A N U A S B R S O
S R I H V L Z M T T R A N T E
E Q S I I P A H R C W D U A T
O B H L I S E W C H T A B R E
Y Y I T S R B I A O M E G G N
Q O N A A L Q O N C T R N A S
A S G P D U L E D O T H O Z I
O E Y A I L V L L L S G I N
J S D E E P B R E A T H I N G
P K T C V A M X S T W R Q G E
U E A M U W H A L E M U S I C
```

AROMATHERAPY

BATH

CANDLES

DEEP BREATHING

DRAW

EAT CHOCOLATE

FISHING

MASSAGE

MEDITATION

PAMPERING

QIGONG

QUIET

READ A BOOK

SAUNA

STARGAZING

TAI CHI

TOE TENSING

WALKING

WARM SHOWER

WHALE MUSIC

YOGA

184 Meteor Showers

```
Q S D I R U A T J R A P C A J
W S D I N O I R O A H H R U X
U S D I T E C A G E M O K C A
D G I L T R D E V U E E A A S
J Q A G E E D J P R T N P P D
Q U P M M O C E S S A I P R I
P A N E M A M I D I A C A I N
E D R E T A H I P D Q I C C O
R R S I B A N Y N S U D Y O E
S A J E E O L O D O A S G R L
E N R Y C T O Y R R R A N N L
I T T A L X I T R M I I I I S
D I R W X P R D I I I D D D R
S D I N I M E G S D D D S S W
D S P I P U P P I D S S S C E
```

ARIETIDS

CAPRICORNIDS

DRACONIDS

ETA AQUARIIDS

ETA LYRIDS

GAMMA NORMIDS

GEMINIDS

JUNE BOOTIDS

KAPPA CYGNIDS

LEO MINORIDS

LEONIDS

OMEGA CETIDS

ORIONIDS

PERSEIDS

PHOENICIDS

PI CETIDS

PI PUPPIDS

QUADRANTIDS

SIGMA HYDRIDS

TAURIDS

URSIDS

185 Shades of Red

```
R A S P B E R R Y G C N L Y C
Z B A E Q A V A L S A T T O W
T A B R T H U B H C R U S T P
T N U S Q R M A R A N S Q R T
Y X R I C X A N Y R E C T J R
I B G A G L H N H M L A S R R
A O U N P I O I T I I N B A D
T Z N R A L G C T N A R N T P
L L D E R N A I T E N E V O R
Z A Y D Q O N N J A S D E K A
R O R W R S Y R I T A S C L Z
R Z I O S M F T Q D I I U O M
R N S O C I U K M P R U P R H
E E F D T R R A B A A A I P Z
B K L J N C T T E L R A C S U
```

BURGUNDY	LAVA	RUBY
CARDINAL	MAHOGANY	RUSSET
CARMINE	PERSIAN RED	RUST
CARNELIAN	PUCE	SCARLET
CINNABAR	RASPBERRY	TUSCAN RED
CORAL	REDWOOD	VENETIAN RED
CRIMSON	ROSE	WINE

186 Words Containing 'Zz'

```
A D A G N U P Q T G Q T S M P
A R L J A C U Z Z I Z W A L R
E G R J A I Z L A S M H F W R
X S U A Z U Z E L Z Z I W S K
V Y W Z Z I L P N I Z Z E B Z
O B I Z Z Z E G N Z N Z L U S
T N D Y S L M P Y F R I Z Z Y
G N Y E R Q E A L P Z N Z Z O
M U Z Z L E N P T Z O G E W A
A Z I L Z Z T A A A K Y B O O
J Z F Z T I Z R X Z Z B M R Q
E L Z Z I R D A I I Z Z E D T
E E W S Z I B Z D I G I D Q I
Y U P O U L R Z L E T E P D D
R S S N A Z Z I E R B F D T U
```

BEDAZZLED	FRIZZY	PIZZA
BLIZZARD	GUZZLE	PUZZLEMENT
BUZZWORD	JACUZZI	QUIZZING
DIZZY	JAZZY	RAZZMATAZZ
DRIZZLE	MUZZLE	SNAZZIER
EMBEZZLE	NUZZLE	SWIZZLE
FIZZY	PAPARAZZI	WHIZZING

187 In the Pond

```
N E B O D U C K W E E D C E X
T P R J L A R V A P U E T L Q
Z O O P L A N K T O N O E T B
C N B W F S G J E N A K F E M
A D E E W G O H R D R C X E A
D S S P L Y R G L S E A W B X
D N P M L T F C I K X B A G Y
I A D T O M E C L A R E T I L
S I L A A O E E Y T K L E G F
F L E Y L Z T U B E R K R I N
L L F E T M R H D R T C F L O
Y L F E N A R C N S E I L R G
Y P A L M A T E N E W T E I A
Y L F L E S M A D I W S A H R
P T N A M T A O B R E T A W D
```

CADDIS FLY	LARVA	TOAD
CRANE FLY	MAYFLY	WATER BEETLE
DAMSELFLY	PALMATE NEWT	WATER BOATMAN
DRAGONFLY	POND SKATERS	WATER FLEA
DUCKWEED	POND SNAIL	WATER LILY
FROG	SMOOTH NEWT	WHIRLIGIG BEETLE
HOGWEED	STICKLEBACK	ZOOPLANKTON

188 Water Vehicles

```
C O R A C L E R F W R E O H X
A A A D Y A P N V E S R S C V
R D U G O U T C U T T E R V D
Q U T T S N P A A F A N D M I
I X O O V C C D M P P I F L N
V Y R O D H C I L A E L B I G
G L R N Y T F A R C R E V O H
Q R V R F T N G V C E A K F Y
O E S P E E D B O A T L N O S
P R T R S F L K A N H O B R O
Z Y E L X B A K R O G D Z D I
C U A K A Y A K N E I N P Y R
L Y M C A D E R Q N E O I H G
Z G E J H W S L G F R G Y D K
F O R I S T A O B E F I L O D
```

BARGE	DUGOUT	LAUNCH
CANOE	FERRY	LIFEBOAT
CATAMARAN	FREIGHTER	LINER
CORACLE	GONDOLA	SEAPLANE
CUTTER	HOVERCRAFT	SPEEDBOAT
DINGHY	HYDROFOIL	STEAMER
DORY	KAYAK	YACHT

189 Billionaires

```
R P S L K P L J B E S T V F I
A N W T P B U I H J X A C T G
M O G A A T F U T U L R E A N
D Q G A I T H X P G U A V G Z
L E K B T T T E A A G M Y Y P
K V L A G E T R O E I S C T T
L G A L F F S R N T A N N P I
A N B L P F E R T F X O U R Y
T I P M E U L A R I T T A A G
T H C E R B L A W C A L L E N
E S O R S R I N A B M A S S E
N A U O S R S C R E Y W P Q U
X K R B O T O F A B N M O R P
R O Y S N X N O C H C O K F K
S O Z E B R I N J B N P Q Q V
```

ALBRECHT	DELL	MITTAL
ALLEN	ELLISON	ORTEGA
AMBANI	GATES	PAGE
BALLMER	ICAHN	PERSSON
BEZOS	KA-SHING	SAFRA
BRIN	KLATTEN	SOROS
BUFFETT	KOCH	WALTON

190 Literary Terms

```
T Y R O G E L L A X I K Z L T
L I M E T A P H O R A B S N A
E P E N T A M E T E R T M C A
R B U C S E P S E T T A N R A
T T P R N E M O U L N O B Y S
U R H H S A C A S M I E D T S
H T O Y I A N N X T S S C R O
S T N P S Z I O A E R A I C N
Y K Y E E N Q R S N H O I O A
Z Q K R H A E G O N O X P H N
P L E B T T Y A T J O S W H C
D R N O I S U L L A M C S U E
I M I L T A R A C R O S T I C
T G L E N A S P C Z O F C T D
F A A N A L E P S I S I G K G
```

ACCENT	APOSTROPHE	HEXAMETER
ACROSTIC	ASSONANCE	HYPERBOLE
ALLEGORY	CHIASMUS	METAPHOR
ALLITERATION	CONSONANCE	PENTAMETER
ALLUSION	DISSONANCE	STANZA
ANALEPSIS	ELISION	SYNTAX
ANTITHESIS	EUPHONY	TROPE

191 Moons of Uranus

```
T  I  T  A  N  I  A  D  N  I  L  E  B  I  X
P  V  A  O  N  D  I  P  U  C  R  V  M  S  B
U  O  F  I  N  A  N  A  B  I  L  A  C  F  E
W  D  N  A  N  I  D  R  E  F  R  S  L  K  U
O  K  R  A  T  Q  I  I  O  G  Y  E  K  R  C
J  I  O  P  H  E  L  I  A  S  S  E  A  Y  R
M  B  W  O  U  P  E  R  E  N  A  P  S  C  E
C  O  I  R  U  C  E  W  A  O  T  L  A  S  S
V  M  O  T  S  T  K  T  X  R  I  E  I  D  S
C  Y  M  I  E  X  F  J  S  E  D  U  L  N  I
P  L  J  A  L  E  G  U  M  B  R  I  E  L  D
L  B  L  E  B  J  H  L  I  O  E  U  D  E  A
X  J  O  C  I  W  Z  I  F  E  P  Z  R  I  R
O  N  S  Z  X  Y  S  E  Z  L  E  B  O  R  M
S  D  W  B  T  R  E  T  B  I  A  N  C  A  H
```

ARIEL	FERDINAND	PERDITA
BELINDA	JULIET	PORTIA
BIANCA	MAB	PUCK
CALIBAN	MARGARET	ROSALIND
CORDELIA	MIRANDA	STEPHANO
CRESSIDA	OBERON	TITANIA
CUPID	OPHELIA	UMBRIEL

192 World Currencies

```
Y D D N A U Y E L Z R A K L A
O O N A I V I L O B W O E T R
N L U G F R A N C D R A M S I
I L O I U G O O Q U U K N U P
P A P S Y L H L N H W C U R D
E R F E E Q T A F A O A S N K
V R I S T P B R N S R E F E A
N I E G K Y N Z U I U F L S S
D B J P A T A C A M E Y L Z X
A X U D I N A R K Z A B T T B
G L I O R P Y U D A O Y R I S
A T U B A U X A Q N O E M W P
S A L R T T F U O L U T A N U
T P J Y Q G F Q Z I T R O Q W
T L C L D I A A F T I I P E B
```

AFGHANI	ESCUDO	LEK
ARIARY	EURO	NGULTRUM
BIRR	FLORIN	PATACA
BOLIVIANO	FRANC	PESO
DINAR	KORUNA	POUND
DOLLAR	KUNA	PULA
DRAM	KWANZA	YUAN

193 Moths

```
T S R S Y I W R S N R I V G T
R T C O A S T D A R T J K D N
S E D A H S E L G N A T R T A
A B A O R A N G E S W I F T M
N U L I R L G O L D S W I F T
D F K A O D E P O L L A C S O
D F R A C P I T K O O H K A O
A E G E Z K N A T L A S U H F
R R Z H T T W S U I Z R X C Y
T M F O O S W I L E G T U O S
Q I J E R S E Y T I G E R M O
U N C O M E T R R C W P R M R
F E S T O O N A O E H P W O L
O R A B A N N I C F S A T D T
X B E T R K O E S O R L P R U
```

ANGLE SHADES	FESTOON	MOCHA
ATLAS	FORESTER	OAK HOOK-TIP
BLACK WITCH	FOX	ORANGE SWIFT
BUFF ERMINE	GHOST	ROSY FOOTMAN
CINNABAR	GOLD SWIFT	SAND DART
COAST DART	JERSEY TIGER	SCALLOPED OAK
COMET	LAPPET	SCARLET TIGER

194 Learning English

```
U E Y B D O O G O A S V P E T
J G N I N R O M D O O G R A W
U O I A A U E U S M R H X G I
E O M M T L V T A G W H O Q Z
Y D Y D S E E Y O U S O O N E
M A N T R O B F S R D W H T G
A F A F E E R H T E S A E L P
P T M P D E R R V M E R L U B
P E E P N T M E Y E M E L N S
I R I I U Z N O T R E Y O U Q
A N S I T I W L T G S O U M R
U O Y K N A H T U E U U T L V
Y O E G O H E L P N C Z F M A
R N S T D U R I S C X I O H T
Y T H G I R E I E Y E Q N C N
```

EMERGENCY

EXCUSE ME

GOOD AFTERNOON

GOOD EVENING

GOOD MORNING

GOODBYE

HELLO

HELP

HOW ARE YOU?

I DON'T UNDERSTAND

I'M SORRY

LEFT

MAYBE

MY NAME IS

NICE TO MEET YOU

PLEASE

RIGHT

SEE YOU SOON

THANK YOU

WHERE?

YES

195 Canadian Lakes

```
L D U B A W N T K U E A I L U
O O K K A S B A T K E V Q F U
S K W Y T R E N E F Z D K H O
P I O W P P A L S F M E O D J
E P H Y I R W C L A S R S K N
D R A A A L O I N I X I B Z E
N E T T I L L I N G V A L V L
I E U H E E T I R O D L U K C
C L P A T O O A S E H C E N W
C L P B U D T P T T P U N M N
K I P A H I G A N U O U O I R
E V I S Y L V A N O B N S R I
T W M C A S S I D Y R T E C A
N E G A S P E R E A U U Q T E
O N T A R I O U C L L O H X X
```

ATHABASCA	HURON	ONTARIO
BLUENOSE	KASBA	PUTAHOW
CASSIDY	KIPAHIGAN	SPEDNIC
CLAIRE	MANITOU	SUPERIOR
DUBAWNT	MELVILLE	SYLVAN
FENERTY	NETTILLING	TATLAYOKO
GASPEREAU	NEWVILLE	WILLISTON

196 Artists

```
S Y E S R O G H S L J O T U B
B C A S S A T T B X H R T E V
B R A Q U E V D A O Z R U T O
U T V G X A M N G S E U R A T
T V U U N O Z A E B R A N M L
S I R D N A R R T F L U E P P
N W Y E E T C B O I F A R H Q
R C T Z H L B M O O S E K I X
K A H L O C A E G V Y S E E E
K V E R M E E R A N L S E K O
H E L B A T S N O C K U U G O
O F E K O O G L N C R O Z U S
Z O Q Y H O D T A F H R R R C
B U S M G S A R O S S E T T I
U P O H E R T O E P F E T M A
```

BLAKE	KAHLO	ROUSSEAU
BRAQUE	MATISSE	SEURAT
CASSATT	MONET	STUBBS
CONSTABLE	O'KEEFFE	TURNER
DELAROCHE	REMBRANDT	VAN DYCK
GAUGUIN	REYNOLDS	VAN GOGH
HOGARTH	ROSSETTI	VERMEER

197 Japan

```
L R R E D G E B T S M M J W Y
H U O O R O P P A S P I N R I
E V R D R A A R K K A B U K I
R D E I K Q Y O K O H A M A U
T N P A C I F I C O C E A N N
O S M K S I S L A N D S U A T
R T E K I S G F K R P G G G O
F S U O U M S T E U U O P A V
N U L H H E O A Z N Y M A W V
D N K Y S F S N S A S Q A A R
A E E U N N G P O H K F T S P
T O K Y O R I G A M I A D J R
W X Y A H K H M I M C M S J A
T C U C L S A Y S U S H I O H
C H E R R Y B L O S S O M B I
```

CHERRY BLOSSOM

EMPEROR

FUKUOKA

HOKKAIDO

HONSHU

ISLANDS

KABUKI

KANAGAWA

KIMONO

MINSHUTO

NAGOYA

ORIGAMI

OSAKA

PACIFIC OCEAN

SAMURAI

SAPPORO

SASHIMI

SUSHI

TOKYO

YEN

YOKOHAMA

198 Poland

```
W  N  U  I  F  D  K  B  N  N  E  V  V  S  F
V  O  B  D  G  I  C  P  I  Y  C  S  T  L  S
P  I  K  Y  H  J  U  G  L  Z  I  L  A  N  W
U  N  S  A  D  A  P  D  B  R  W  B  B  A  A
V  U  C  T  R  G  F  A  U  T  O  A  L  N  R
R  N  H  O  U  K  O  N  L  S  T  L  E  Z  S
O  A  E  S  R  L  Y  S  X  O  A  T  M  O  A
N  E  N  Z  E  R  A  K  Z  K  K  I  O  P  W
I  P  G  C  R  N  B  L  E  C  W  C  U  I  R
E  O  E  Z  Z  I  U  S  A  O  Z  S  N  A  O
D  R  N  E  H  Y  O  D  Y  G  L  E  T  S  C
R  U  A  C  S  L  U  L  R  G  O  A  A  T  L
V  E  R  I  I  T  F  M  A  I  U  O  I  K  A
H  I  E  N  O  L  L  E  I  G  A  J  N  P  W
O  E  A  C  A  T  H  O  L  I  C  I  S  M  F
```

BALTIC SEA	JAGIELLON	POZNAN
BAY OF PUCK	KATOWICE	SCHENGEN AREA
BYDGOSZCZ	KOSTRZYN	SZCZECIN
CATHOLICISM	KRAKOW	TABLE MOUNTAINS
DUNES	LAKE SOLINA	VISTULA LAGOON
EUROPEAN UNION	LUBLIN	WARSAW
GDANSK	PIAST	WROCLAW

199 Fish...

```
M Q H L S F D Y S T J A Z L K
B A E H S I F T R A D U Y U C
R S R S A H E R R I N G G N X
C T G T C I T R O U T T O G T
E U O S E O E C B G C R M F A
S R B R P T L U A A F R R I I
S G O O I I N A R T E I A S E
A E I C S S W O R D F I S H S
R O N K A N G L E R F I S H C
W N A F L B T I L N T D S S T
O P D I M J L T E T E L S H B
S A R S O L F A Y P P U G S P
G V H H N U C T E Z T I V U C
O O R C R T U O U J S Z K H T
Z R I U N H S I F L L I B E Y
```

ALBACORE	DARTFISH	PIKE
ANGLERFISH	ESCOLAR	ROCKFISH
BARRELEYE	FROGFISH	SALMON
BILLFISH	GUPPY	STURGEON
CATFISH	HERRING	SWORDFISH
CHAR	LUNGFISH	TROUT
DANIO	NEON TETRA	WRASSE

200 ...Groups of Fish

```
S  G  U  K  R  A  Y  F  E  N  S  D  F  U  H
Z  P  O  D  N  I  B  R  E  K  W  S  P  Z  T
T  O  Y  N  N  U  M  R  U  I  A  I  C  U  K
O  P  N  Y  A  I  I  S  Y  T  R  A  P  R  T
O  B  A  T  T  E  R  Y  L  I  M  A  F  U  R
X  J  P  I  L  F  L  G  X  I  C  L  H  E  A
M  R  M  T  A  L  R  G  W  K  O  A  R  R  G
Q  A  O  N  O  E  T  O  H  A  U  O  L  N  V
S  I  C  A  H  E  F  Z  T  H  U  A  I  Y  R
U  C  L  U  S  T  E  R  C  E  J  N  S  U  J
Q  H  H  Q  R  H  O  V  E  R  O  B  P  V  L
B  B  L  O  X  A  I  A  A  D  K  T  A  H  J
A  X  O  R  O  Q  C  V  Y  Y  A  L  S  T  R
S  P  T  N  I  L  G  E  E  K  T  L  O  F  P
O  Q  Y  R  H  C  N  P  J  R  Y  L  S  K  R
```

BATTERY	GLEAN	POD
BIND	GLINT	QUANTITY
CLUSTER	GRIND	SCHOOL
COMPANY	HERD	SHIVER
FAMILY	HOVER	SHOAL
FLEET	PACK	SWARM
FLOAT	PARTY	TROOP

201 Positive Emotions and Feelings

```
D E L I G H T B R F T F I T P
P M O T I V A T I O N N S P B
P P A A S T L N A Q T P A L T
C A S F U E S E I E N E T E I
O T M F U U R M R U O B I A J
U H S E L F L E S S N E S S A
R Y I C H M S T N E V P F U U
A P M T A T L I P I R O A R J
G G I I P S A C H I T H C E B
E S T O P L T X D Y R Y T R H
Y J P N I T K E L R E L I E F
L S O T N E M T N E T N O C G
R L K Y E E L A T I O N V A
D T R U S T O R V V X P T L E
U L O O S L Z W T I F S W R R
```

AFFECTION	HAPPINESS	PLEASURE
CONTENTMENT	HOPE	PRIDE
COURAGE	INTEREST	RELIEF
DELIGHT	JOY	SATISFACTION
ELATION	LOVE	SELFLESSNESS
EMPATHY	MOTIVATION	SERENITY
EXCITEMENT	OPTIMISM	TRUST

202 Quiet

```
W D Q S Q M O H O U T G B H A
S R E I T L O R U R U F E M E
T C A L M I I R A M D Q U E U
X Y F E L G L N I S U F V N N
T R U N K U Q L O A F I D Z S
R E S T F U L X B L S I L O P
P N N O I S E L E S S U K E
I Y R L L O E D A T T N F M A
V Z U E S V W P U S D P E A K
D E T U M R M R P L E P C T I
J C I Q U I B Q E L T R A A N
L I C R R E J S E D A T E W G
E U A R D E S O P M O C P N J
P T T I K Y R M T N D A I H E
G D M A U J U I H U S H E D A
```

CALM	MUTED	SILENT
COMPOSED	NOISELESS	SOUNDLESS
EQUABLE	PEACEFUL	STILL
HUSHED	PLACID	TACITURN
IMPASSIVE	RESTFUL	TRANQUIL
LULLED	SEDATE	UNDISTURBED
MUFFLED	SERENE	UNSPEAKING

203 Ireland

```
T R E E D D E R R Y L I R S T
K C I R E M I L E A S E Y U W
U B I V W I Y C D I E U Q H S
R L S I E L S I D L A R E M E
B C C H A R A M E N N O C R I
R O P P A H S Q E O A P A O R
T W O D A M P H I P D E O Y I
Q A A K C I R T A P T N I A S
C T O E O O D O D N S S A M H
A E I I Y F R E C S N B S Y S
R R I M S A K K E K E O J T E
G F X R T E W E H P Y E N N A
B O Y N E V A L L E Y E N U S
E R A D L I K C A L I A D O Y
H D U B L I N O H G S E H C T
```

BOOK OF KELLS	DUBLIN	RED DEER
BOYNE VALLEY	EMERALD ISLE	RIVER SHANNON
CONNEMARA	EUROPE	SAINT PATRICK
CORK	GALWAY	SEANAD
COUNTY MAYO	IRISH SEA	SHAMROCK
DAIL	KILDARE	TAOISEACH
DERRY	LIMERICK	WATERFORD

204 US Female Musicians

```
M E C N O Y E B D B T R A W F
A U Z O M S I L N R N S H C F
D R N S I E K K A I N I S A U
O D R P L L T E S T T L E R D
N E S M E E A L I N K E K O Y
N M U I Y N S L E E A K L L R
A I Z S C A O Y R Y T L A E A
I L I A Y G H C T S Y A N K L
C O Q C R O L L S P P D A I I
A V U I U M U A A E E Y D N H
T A A S S E Z R R A R G E G U
S T T S J Z T K B R R A L W C
A O R E O O Y S R S Y G R H P
N S O J N F C O A S L A E T T
A C T N A A N N B U W R Y U A
```

ANASTACIA

BARBRA STREISAND

BEYONCE

BRITNEY SPEARS

CAROLE KING

CHER

DEMI LOVATO

DOLLY PARTON

HILARY DUFF

JESSICA SIMPSON

KATY PERRY

KELIS

KELLY CLARKSON

KESHA

LADY GAGA

LANA DEL REY

MADONNA

MILEY CYRUS

SELENA GOMEZ

SUZI QUATRO

WHITNEY HOUSTON

205 Mushrooms

```
P A C R E H T N A P P U H N S
D I T U R K E Y T A I L I U Y
U V D I N I M E R C A S O T A
E Y D E A D L Y W E B C A P C
P K I V O R Y F U N N E L Y T
O E A C I T Y H P O D N E S S
U Y N T S E E R Y C M O R E L
S W S N I E N A M S N O I L K
H J R T Y K O P N L B E R F N
I O L L E B O T R O P K U F Y
I U Q W R R U N A O T A T U Y
T F X H C P P N E F R T O R L
A R E I S H I L A S O I U T R
K I N T Y A J O R P K A R B L
E I Q E K A T U S T A M H L U
```

BUTTON	LION'S MANE	PORCINI
CREMINI	MAITAKE	PORTOBELLO
DEADLY WEBCAP	MATSUTAKE	REISHI
ENDOPHYTIC	MOREL	SHIITAKE
ENOKITAKE	OYSTER	TRUFFLES
FOOL'S CONECAP	PANTHER CAP	TURKEY TAIL
IVORY FUNNEL	PENNY BUN	WHITE

206 Four-letter Words

```
A X G X T I I E A W P A R Q Z
X V B W N V I T R L R A R O S
S E E U G M F A J E Z B E N S
Y R I I L C N T D P Z F Z K L
D R A W A K E R Z C S T H J O
R U N V A P S Y U E L N R D X
A V E A O A I N R F R O R I H
R I N F R P W I S H A U M T L
E F U M D U H T E R M K R Z B
R A Y R C L A O A L S T Z P L
Y O E Z A T O O L L A U I S X
S N B J P T S K I W L T R I S
T I B O I O I M R A Y I T I O
S I N U K P P K S B S O D I N
O M Y U P K V L Q K H L S M U
```

ARMY	FEUD	THUD
AURA	PITY	TINY
BAWL	RISK	TOOK
BULK	SLIM	TOOL
CAVE	TALE	WAKE
DILL	TALL	WISE
DRUM	TERM	WISH

207 Unusual Fruits

```
Y D Y C B R L V S R O Q U O R
H R R D U R I A N T A U Q O L
G A R U J S E U W I Y S Y T O
N G E E H A A A I U O F R K B
O O B W B A M O D R M J R U L
M N L N D E V B J F I J E M N
M F A E A I L A U I R S B Q I
I R L O M T M K U L E U L U R
S U A E S N U E C G H F I A A
R I S D O D A B J U C W B T P
E T A Q N I H E M V H E A W S
P W T T I U R F R A T S F X A
Y T I I P O M E L O R E I T L
Q A C O F T I U R F K C A J B
R P H Y S A L I S H T S J E S
```

BILBERRY	GUAVA	PERSIMMON
BREADFRUIT	HUCKLEBERRY	PHYSALIS
CHERIMOYA	JACKFRUIT	POMELO
DAMSON	JAMBUL	RAMBUTAN
DRAGON FRUIT	KOREAN MELON	SALAL BERRY
DURIAN	KUMQUAT	STAR FRUIT
FEIJOA	LOQUAT	UGLI FRUIT

208 Drinks

```
C H A M P A G N E S L R K R S
T F H S S W A G N A M A L W R
Y R M I H A N Y I B R A N D Y
A E T D E C I R D N G B Q S S
U E C G R A S A A O E S R T S
R S R D R P T M N N S I T R E
E U P D Y P E Y E R U N R Z A
T K E U N U R D R Q E T E K S
A F N U N C I O G W R H D W O
W O O C Q C U O S W T E I T Z
E T S U T I H L K I R S C H P
S R T I Z N L B V N A H Z V D
P E N W C O F F E E H B R G O
S E V A P P L E J A C K Q H X
I L U X R U D C I E T A N C K
```

ABSINTHE	CHARTREUSE	LIQUEUR
APPLEJACK	CIDER	OUZO
BENEDICTINE	COFFEE	PUNCH
BLOODY MARY	GIN	RETSINA
BRANDY	GRENADINE	SHERRY
CAPPUCCINO	ICED TEA	WATER
CHAMPAGNE	KIRSCH	WINE

209 World Islands

T	R	S	T	A	B	P	R	O	E	N	R	O	B	L
P	O	H	O	K	K	A	I	D	O	B	H	B	A	R
A	M	R	S	U	M	A	T	R	A	O	G	R	R	W
N	I	F	F	A	B	U	T	Y	N	R	I	N	E	J
E	T	E	I	F	Z	H	I	S	E	Q	S	R	T	Y
W	Y	L	I	C	I	S	H	E	Q	A	I	A	A	S
F	K	Y	U	S	H	U	N	S	K	Y	S	L	O	N
O	T	E	L	D	H	L	T	H	S	M	U	V	W	K
U	R	A	C	S	A	G	A	D	A	M	L	G	A	E
N	N	S	I	N	I	L	C	N	R	H	A	V	A	J
D	V	K	D	W	I	R	I	O	D	L	W	P	S	E
L	U	Z	O	N	A	A	J	A	I	G	E	B	N	W
A	U	P	N	Q	S	N	F	I	N	L	S	M	M	D
N	E	W	G	U	I	N	E	A	I	R	I	S	F	T
D	N	A	L	E	R	I	T	A	A	Q	E	R	I	R

BAFFIN	KYUSHU	SARDINIA
BORNEO	LUZON	SICILY
GREENLAND	MADAGASCAR	SULAWESI
HOKKAIDO	NEW GUINEA	SUMATRA
HONSHU	NEWFOUNDLAND	TAIWAN
IRELAND	NORTH ISLAND	TASMANIA
JAVA	SAKHALIN	TIMOR

210 Chinese Dishes

```
B W O N T O N S O U P G E K A
A H S Y I A T O F U F G F U R
D C I L O R C H O W M E I N H
O E T Z L M U S M I D Y Q O T
N N E M O O N C A K E O I P G
G T C S H A R K F I N S O U P
P U I U E P B G D O I V H F U
O R R B Z G L N N N T R C U O
P Y D R T N R O S I T Q K O S
O E E N A U X A A O R A A D E
R G I O I K U T J E R P P O L
K G R A X C H A R S I U S P D
M U F P E K I N G D U C K A O
E D Z N N Y M S E L F B O M O
J C D I Z Y B L A C K B E A N
```

BAOZI	FRIED RICE	PEKING DUCK
BLACK BEAN	HOISIN SAUCE	RED BEAN SOUP
CENTURY EGG	KUNG PAO	SHARK FIN SOUP
CHAR SIU	MAPO DOUFU	SOY EGG
CHOW MEIN	MOONCAKE	SPRING ROLLS
DIM SUM	NOODLE SOUP	TOFU
DONGPO PORK	PAK CHOI	WONTON SOUP

211 Vincent van Gogh

```
B Y S E L T S I H T O B G R U
S E V O R G E H T U T A N E N
P V S E L F P O R T R A I T S
K A S U N F L O W E R S W N I
L S E S O R D L I W R O E I R
E S D N A H O W T E L W S A I
L S T A R O W T V O E O N P E
U N D E R G R O W T H C A H H
Q B T S C A L I L T L G M C T
T H E S M O K E R L S N O T H
A O Y J W O R R O S E I W U V
X B Z T H E S O W E R Y S D J
B E D R O O M I N A R L E S J
S R O W N A M A F O D A E H Z
S R E T A E O T A T O P E H T
```

BEDROOM IN ARLES	SUNFLOWERS	THISTLES
DUTCH PAINTER	THE GROVE	TWO HANDS
HEAD OF A MAN	THE IRIS	TWO LOVERS
LILACS	THE POTATO EATERS	TWO RATS
LYING COW	THE SMOKER	UNDERGROWTH
SELF-PORTRAITS	THE SOWER	WILD ROSES
SORROW	THE YELLOW HOUSE	WOMAN SEWING

212 Cooking Terms

```
T R R C O Q Q R R B S Y U L N
C F S S L E S E C U D E R R T
E S E V D E C H E E A L E X T
L T L A A L D E N T E I D S H
C S D R A L E A C I C V N S T
K O D R E I C T G N P E E T S
F R I L Z R A B S N I D R X U
Y F R L L G E O G A C M H W L
Y E G S G R N S R X B R O I L
W D Z H S A M E I R L N Q P J
C B Q E W H I P N R E A B P W
Q P S E E C O D D L E F H I B
K H E E D R E M M I S R A I I
E W P S B Y F E K C D X F E E
M H A C D P B Y S Z T S X D F
```

AL DENTE	DEVIL	REHEAT
BASTE	FREEZE	RENDER
BROIL	GRIDDLE	RISE
CHARGRILL	GRIND	SEAR
CLARIFY	MASH	SIMMER
CODDLE	MINCE	STEEP
DEFROST	REDUCE	WHIP

213 Found in the Attic

```
H E I R L O O M S Y O T D L O
A R B A U P I U G A T P U J W
N T S O S W I T N M Z W R T B
T C O U X T G N I G A K C A P
I O V F C E I G T I I N Q E A
Q B O A E T S E N I Z A G A M
U W S L N O A S I T R T E Q O
E E E D D Q U G A A A R N T M
S B U X Y L I S P I D E R S J
Y S F X A Z E B A R M T P S X
T K E T P H O T O G R A P H S
J O I U B R T P T B L W P I Y
U O L T R A I N S E T S T S S
N B L C S N O I T A R O C E D
K G O L D C L O T H E S T P A
```

ANTIQUES	INSULATION	PACKAGING
BOOKS	JUNK	PAINTINGS
BOXES	MAGAZINES	PHOTOGRAPHS
COBWEBS	MAPS	SPIDERS
DECORATIONS	OLD CLOTHES	SUITCASES
DUST	OLD LETTERS	TRAIN SET
HEIRLOOMS	OLD TOYS	WATER TANK

214 Ducks

```
I  T  J  P  T  P  J  S  K  N  S  S  N  G  G
Q  E  T  O  P  Y  I  B  R  O  C  O  W  E  E
M  A  L  L  A  R  D  N  M  O  E  K  O  R  S
D  Y  N  O  X  A  S  S  T  L  C  A  E  X  A
X  A  X  D  P  B  S  E  I  A  L  T  U  E  Y
E  Y  W  E  K  R  R  Z  B  Z  I  A  L  N  A
K  R  L  T  E  A  A  S  N  A  S  L  T  I  O
O  U  P  F  Y  B  A  I  D  E  T  S  E  R  C
H  B  S  U  E  V  U  S  R  L  O  L  P  A  O
P  S  J  T  N  Q  V  V  L  L  A  I  V  D  O
A  E  H  A  E  O  A  N  C  O  N  A  L  N  T
Y  L  C  D  Y  E  N  A  G  R  A  G  A  R
V  Y  R  Z  L  S  H  E  T  L  A  N  D  M  B
S  A  E  L  O  E  R  O  U  E  N  Q  S  X  T
H  M  E  R  G  A  N  S  E  R  B  E  P  W  S
```

ANCONA	GARGANEY	ORPINGTON
AYLESBURY	GOLDENEYE	PINTAIL
BALI	HARLEQUIN	ROUEN
BARBARY	LOON	SAXONY
CANVASBACK	MALLARD	SCOTER
CRESTED	MANDARIN	SHETLAND
ELIZABETH	MERGANSER	TUFTED

215 Classic Literature

```
S D Y O Q Y E S S Y D O E H T
L O R D O F T H E F L I E S O
I N A Y N E S W S A R C N M G
T Q V N O H J T S L O W H R W
T U O I I D A O Y U W R A A M
L I B E S N N J L C W I R F I
E X E T A M E X U A E A D L D
W O M S U O E R R R N F T A D
O T A N S B Y Q A D E Y I M L
M E D E R Y R R P K V T M I E
E L A K E D E E B C A I E N M
N M M N P I A H P C R N S A A
S A M A S C P O T R B A N Z R
B H E R E K P N S E P V U A C
Q R T F Z D A I L I E H T O H
```

ANIMAL FARM	HAMLET	MOBY-DICK
ANNA KARENINA	HARD TIMES	PERSUASION
BRAVE NEW WORLD	JANE EYRE	THE ILIAD
DON QUIXOTE	LITTLE WOMEN	THE ODYSSEY
DRACULA	LORD OF THE FLIES	ULYSSES
EMMA	MADAME BOVARY	VANITY FAIR
FRANKENSTEIN	MIDDLEMARCH	WAR AND PEACE

216 Burt Bacharach

```
W R R E T I R W G N O S X Y M
N I G H T S H I F T Z S L I A
P B S E W A L K O N B Y B H G
S O A H U I Y M G T K A R E I
E I T B I L A L L Q R T E A C
R R U A Y N B A N V P S G R M
U T O D C I A N S E I E N T O
T X H A O A T N O Y V S I L M
U J C O M R G S D E R A S I E
F E A P P A M T Y H U E E G N
A I E V O L F O K O O L E H T
D F R T S I N A I P U P B T S
R L V U E A T T H I S T I M E
T A M E R I C A N W O Y M N O
K O O B D E R E L T T I L Y M
```

ALFIE	HEARTLIGHT	PLEASE STAY
AMERICAN	HEAVENLY	REACH OUT
AT THIS TIME	MAGIC MOMENTS	SINGER
BABY IT'S YOU	MY LITTLE RED BOOK	SONGWRITER
BLUE ON BLUE	NIGHT SHIFT	THE LOOK OF LOVE
COMPOSER	ON MY OWN	WALK ON BY
FUTURES	PIANIST	WISHIN' AND HOPIN'

219

217 Instruments

```
J D K E P O C S I R E P M P R
T H E R M O M E T E R O E B T
R T O R E E E V P T W D S N A
E E A E Y P P P V E O C P E H
S Q T T J H O P R M W E E N E
A H R E S Q C C E I O S C O D
N O E M M O S T S R A I R H G
C U T M S T E T H O S C O P E
O R E A I R L H F L R A F A T
M G M I S E E O R A S C T G R
P L O O T R T R V C U K I E I
A A N E S E X T A N T U M M M
S S A L G G N I Y F I N G A M
S S M D L O S E T Q P R O B E
Z N Y P D R B A R O M E T E R
```

AMMETER	MAGNIFYING GLASS	PROBE
BAROMETER	MANOMETER	RHEOSTAT
CALORIMETER	MEGAPHONE	SEXTANT
COMPASS	MICROSCOPE	STETHOSCOPE
FORCEPS	MOWER	TELESCOPE
HEDGE TRIMMER	PEDOMETER	THERMOMETER
HOURGLASS	PERISCOPE	VOLTMETER

218 Financial Terms

```
B O N D S J U E E S A R L C O
B A N K R U P T C Y S R P E P
U R L K I D C D U O A O R S P
P I R A C S E A A A S K L R R
L T Q I N A T R P U L K I K O
T E E B F C L F E I P A A X J
A K E X U U E B P H T I B W E
S R X H A L R S E E T A I S C
T A R P Y S L Y H H U N L I T
I M F U N D S M I E T E I N I
F R T I S W I E A A E N T C O
O A D M I N I S T R A T I O N
R E S E R V E S B S K C E M T
P B S S R E V E N U E E S E O
S H A R E S T O C K S S T I C
```

ADMINISTRATION	CAPITAL	PROFIT
ASSETS	FUNDS	PROJECTION
BALANCE SHEET	IN THE BLACK	RESERVES
BANKRUPTCY	IN THE RED	REVENUE
BEAR MARKET	INCOME	SHARES
BONDS	LIABILITIES	STOCKS
BULL MARKET	LOSS	SUBSIDY

219 Dickensian Characters

```
U N E W M A N N O G G S B L U
B A R N A B Y R U D G E A L K
C H A R L E Y B A T E S R E C
Y O B W O L S Y L L I T K N I
T P R E B M A B K C A J I E W
S I D S S A R B Y L L A S L K
I G A M R G R I M W I G V T C
W R N E R W Y N N E J S C T I
T E V P H I L I P P I R R I P
R W M A R T H A B A R D E L L
E G O O R C S R E Z E N E B E
V I W T I H C T A R C B O B U
I O N I F F O B Y D D O N B M
L U V R E G D O D L U F T R A
O S P Y E N R O C S R M O T S
```

ABEL MAGWITCH	GREWGIOUS	NEWMAN NOGGS
ARTFUL DODGER	JACK BAMBER	NODDY BOFFIN
BARKIS	JENNY WREN	OLIVER TWIST
BARNABY RUDGE	LITTLE NELL	PHILIP PIRRIP
BOB CRATCHIT	MARTHA BARDELL	SALLY BRASS
CHARLEY BATES	MR. GRIMWIG	SAMUEL PICKWICK
EBENEZER SCROOGE	MRS. CORNEY	TILLY SLOWBOY

220 Fashion

```
D K A C K U R T S A A S J T L
C R K O P R Q T O Y D N E R T
L E H T O A Y J M I N E D U H
L N A P W L T B C H I N O R J
U G Q S E I R O S S E C C A L
M I X U R D S N T O W I S S J
E S P A D R I L L E T S S P Z
I E H E R R I N G B O N E P N
T D R I E Y D E I T N P R A G
K S E A S O N A L C L U D G M
C L F Q S B G R F U R E T R O
A M A S I P A R M D E K P J R
L H O U N D S T O O T H T A Y
B L L P G O A P I S E Y O A L
F S Z U Q P H P P K O R L K I
```

ACCESSORIES	ESPADRILLE	POWER DRESSING
BATIK	FAD	RETRO
BLACK TIE	HERRINGBONE	SEAM
CHINO	HOUNDSTOOTH	SEASONAL
DENIM	LAPEL	STYLE
DESIGNER	LOAFER	TIE-DYE
DRESS CODE	PEPLUM	TRENDY

221 At the Beach

```
E L H S S R T E T E P G H G K
Z A L D K V K P A A D N T L F
L X R I P C S R R A J I U M A
D S U R F B O A R D S M D S M
W A L K E R S R T U B M Y T I
A N R T J O C T N E D I T S L
Q D S T L T A B L K M W H I I
S D E L T S A C D N A S F R E
F U V Z L T A M H C A E B U S
K N A C H E D A P S G H Z O A
Q E W I R I H Z B U C K E T S
A S N N C G U S A U I I Z O G
K G N C S Z X R E T H G U A L
S Y D I A A D S E Z X S U A N
A X N P G F E S P R A Y N J T
```

BEACH MAT

BUCKET

FAMILIES

KITES

LAUGHTER

LIFEGUARD

PARASOL

PICNIC

ROCKS

SAND DUNES

SANDCASTLE

SHELLS

SPADE

SPRAY

SUNBATHING

SURFBOARDS

SWIMMING

TIDE

TOURISTS

WALKERS

WAVES

222 Online

```
A X O C U R N J O C B G R S L
S I Q T S Z M Y J J P S O R C
L C L U U O U D E S X C V L Y
X M T D C O O K I E I I O M B
S E J D O W N L O A D U R T E
O O T A E M A I L R D K P H R
L T E R V V A M Q C A E U G S
X K N D C A E I O H A E Y A P
R O R P I D S M N E E V A T A
P F E A I V P C A N U I P H C
T P H A M U I L R G A R P S E
S N T U T K M H I I A M L A L
A M E I S Q O E G N P E E H I
H S N O C I T O M E K T T V A
Q G R E S W O R B E F S A D N
```

APPLET	DOMAIN NAME	JAVASCRIPT
BLOG	DOWNLOAD	LINKS
BOOKMARK	EMAIL	MEME
BROWSER	EMOTICONS	SEARCH ENGINE
CLOUD COMPUTING	ETHERNET	SOCIAL MEDIA
COOKIE	HASHTAG	URL
CYBERSPACE	HTML	VIDEOS

223 Clint Eastwood

```
S A C T O R E T F A E R E H A
T S O M R E D I R E L A P O I
N H A N G E M H I G H W O T U
P Y J N E R V D A M L H R R P
G R E W F V A I I F B I T A R
U R R O C R I F R R L D H I O
M A S J N H A G F C E E G O D
P H E S E I A N R K I C I N U
U Y Y M R D R N C O U T T Q C
R T B U F O G O G I F T S O E
E R O W D Y Y A T E S N F Y R
U I Y L L U S A R N L C U T M
X D S E A H R D M T A I O U S
P T C S B C A L I F O R N I A
X O F E R I F S T R E Z G G O
```

ACTOR	HANG 'EM HIGH	PRODUCER
CALIFORNIA	HEREAFTER	RAWHIDE
CHANGELING	J. EDGAR	ROWDY YATES
DIRECTOR	JERSEY BOYS	SAN FRANCISCO
DIRTY HARRY	MAYOR	SULLY
FIREFOX	MYSTIC RIVER	TIGHTROPE
GRAN TORINO	PALE RIDER	UNFORGIVEN

224 E-commerce

```
H K C I L C R E P Y A P T S G
T G S K N O I T P Y R C N E N
T C N H E Q R A U K N L U S I
H C T I O Y R R R M A K S P L
U G R Y L P W N F N F C N B D
I N Y O E L P O D I E A G O N
N I A P S K E I R S H B N U U
V P W E L S N S N D E E I N B
E P E N A G S R P G S G T C C
N I T R P U G E U U C R E E O
T H A A E I Z V L T U A K R O
O S G T A Z B N N L R H R A K
R E T E N T I O N S I C A T I
Y T R A N S A C T I O N M E E
J U S N O I T A T N E M G E S
```

BOUNCE RATE	GATEWAY	RETENTION
BUNDLING	INVENTORY	SEGMENTATION
CHARGEBACK	KEYWORDS	SHIPPING
CONVERSION RATE	LANDING PAGE	SHOPPING CART
COOKIES	MARKETING	TRANSACTION
CROSS-SELLING	OPEN RATE	TURNKEY
ENCRYPTION	PAY-PER-CLICK	UPSELLING

225 'L' Words

```
L L A Y O L U R K L R Y Y S U
S I L L A Y E R X L N A S T L
Z J P A E L H A A I L E B O L
I L L S T R A R G L R L M I I
Y L R A B E Y T E U E T S U G
G L E Q C M R G T M E T T J H
L O D R T I U A R I E I Y Y T
G J N D L M R N L N C L P R S
O D E I E E T Y E O P E H L T
U S V N T T J B L U O C C S V
I O A I F T U L I S T I N G T
T R L E G I B L E Y P I U W N
T D K A B S R T A M A A L W A
J B R R P N O O G A L L H Z Y
T D W Z R K W R R V U M Y I N
```

LAGOON	LEAP	LITTLE
LAPTOP	LEGIBLE	LOBELIA
LATERAL	LEGUME	LOYAL
LATTICE	LIGHT	LUMINOUS
LAVENDER	LISTEN	LUNCH
LAYER	LISTING	LURK
LEAGUE	LITERATURE	LYRICAL

226 Astrology

```
P G S O A Q Z A N G L E S L E
E C L I P T I C G H O U S E D
V P M O D S V F I E T M U L V
I W A S P E C T S N S L N U N
R Q A U L Q R A R E U B S A G
G E M I N I F E I N L L I C I
O K B R S U I R A T T I G A S
O R V A K I A R Q L T T N P R
A P T U T N N N A J Z R H R A
T N L Q H O R O S C O P E I T
K T N A D N E C S A D S X C S
C F S E N V A L X S I N O O M
B A R R U E V T L S A G O R L
Q Y T L C J T X W B C I A N J
O A O U T X B S S T C G V X H
```

AIR SIGN	ECLIPTIC	PLANETS
ANGLES	GEMINI	SAGITTARIUS
AQUARIUS	HOROSCOPE	SIDEREAL
ARIES	HOUSE	STAR SIGN
ASCENDANT	LIBRA	SUN SIGN
ASPECTS	LUNAR NODE	VIRGO
CAPRICORN	MOON	ZODIAC

227 Prince Songs

```
F Y U S L A M E R I C A J R L
P S G Z R P U S N V Y K P L T
I R P O W I N W O T P U R A F
N E E C N A D T A B R C F P Q
K V G C P E E E L P S S O U T
C O R A D A Z T L I N Q B L T
A R O L U I R E F I L P O P E
S T G L U R R T A C R E A M V
H N T M E A S T Y S S I K N F
M O I Y I H N K Y M E R O D A
E C T N S U T O M M A L P U T
R P E A O H O T T H I N G E S
E U L M L J E M O C G N S K P
A M U E T A H I S G O L D T S
I P L A I E O R V Q U Z I U H
```

ADORE	DELIRIOUS	MOUNTAINS
AMERICA	DIRTY MIND	PARTYMAN
BATDANCE	GOLD	PINK CASHMERE
CALL MY NAME	HOT THING	POP LIFE
COME	I HATE U	PURPLE RAIN
CONTROVERSY	KISS	U GOT THE LOOK
CREAM	LETITGO	UPTOWN

228 Australia

```
U L R U Y N M W C A I R N S
E V P G F L D N I A W F A U G
E U N I W R A D V B F E C D G
D E A B M O O W O O T S E E L
I N L T B A L L A R A T E V E
A R A T O O A L L Q B L H O J
L U E L S W U I O P O A A P X
E O L N S A N A N N P E R T H
D B H R A N C S G A G U U M S
A L R U E B E W V E M O D Y T
Y E N D Y S S E E I I S N C N
I M H K I T T I U N L S A G E
B E N D I G O L R Q T L M T R
C A R R E B N A C B S N E C T
J Q U S C E F Y A K C A M E R
```

ADELAIDE	GEELONG	QUEENSLAND
BALLARAT	LAUNCESTON	SYDNEY
BENDIGO	MACKAY	TASMANIA
BRISBANE	MANDURAH	TOOWOOMBA
CAIRNS	MELBOURNE	TOWNSVILLE
CANBERRA	NEWCASTLE	ULURU
DARWIN	PERTH	WOLLONGONG

229 In the Woods

```
M U S H R O O M S E E R T M O
A I M I O A B Q T K L U Z V G
N R L X B T U S I H X O T T W
T I E S I I L E A D S A Q T Q
P R A E R A B B I T W I G S R
L G V R D E K A N S A D I C T
B B E E N W E E D S S G L D
T L S G U D O O N Y B P U I O
L D N D O G I P L B L O G S Q
S S L A U C N P Z F W T H N S
T Q T B T M T Q S Q O C U T M
R Z Y S J U O P Q D H X E A G
N D J S O P R Y A D Q T M E R
P A Q P K E W E I M S R V U Q
P B K L Y T K I K W A B B I I
```

BADGER	LOG	RAIN
BIRD	MUD	SNAKE
DEER	MUSHROOMS	SPIDER
DOG	NATURE	SQUIRREL
FLOWERS	OWL	TREES
FOX	POND	TWIGS
LEAVES	RABBIT	WEEDS

230 Going Swimming

```
S  I  E  F  S  X  C  D  L  E  S  S  O  N  L
H  N  F  N  T  M  I  E  O  C  D  Y  G  H  X
A  C  O  T  A  L  S  E  O  H  S  L  O  O  P
L  C  H  I  R  L  W  P  P  L  H  F  G  G  T
L  I  H  U  T  T  I  E  H  O  O  R  G  S  T
O  S  F  A  I  I  M  N  S  R  W  E  L  F  F
W  E  S  E  N  S  T  D  A  I  E  T  E  R  A
E  C  D  Q  G  G  S  E  L  N  R  T  S  E  L
N  A  S  I  B  U  I  P  P  E  R  U  T  E  M
D  R  D  P  L  G  A  N  S  M  N  B  N  S  I
O  G  W  A  O  S  Y  R  G  R  O  G  S  T  A
I  Z  Z  U  C  A  J  C  D  R  T  C  X  Y  P
M  N  T  P  K  D  Q  L  T  H  O  E  H  L  I
L  I  B  R  E  A  S  T  S  T  R  O  K  E  A
L  E  W  E  U  I  J  L  Z  C  O  S  M  S  N
```

BREASTSTROKE	GOGGLES	RACES
BUTTERFLY	JACUZZI	SHALLOW END
CHANGING ROOM	LANE	SHOWER
CHLORINE	LENGTH	SLIDE
COMPETITIONS	LESSON	SPLASH POOL
DEEP END	LIFEGUARD	STARTING BLOCK
FREESTYLE	POOL SHOES	SWIM

231 Coffee

```
O R E D T U X G T I V C O T T
C C E M W I C P P O C I L L O
A A F R A P P U C C I N O P T
P F F L Y C O N A C I R E M A
P E O E A G C W Q E B R P A G
U Z C T A T U H C T C D V N O
C O D T P U W I I O R K E T F
C R E A O A L H L A O O K O F
I R C L H T L A I L T R E C A
N O I Y W O T A I T E O S C H
O A S N A E B I Z T E R A I C
U L Z N D T H A Z Z R A M N O
M A R I S T R E T T O I A O M
Q G P K Y U A N Y A N G T D U
L W S S T Y Z L D Z N S C O A
```

AFFOGATO	FLAT WHITE	PALAZZO
AMERICANO	FRAPPUCCINO	PERCOLATED
ANTOCCINO	GALAO	POCILLO
BEANS	GUILLERMO	RED TUX
CAFE AU LAIT	ICED COFFEE	RISTRETTO
CAFE ZORRO	MACCHIATO	SKINNY LATTE
CAPPUCCINO	MOCHA	YUANYANG

232 Shrubs

```
S G T W Z S V S R T K V G R O
C A E L A Z A D M F T O M F C
L A B P Y G O I O I R U B L S
I D L F E O S R S L I Z M T
N O V I W T S U E H V Z Y I O
G R L G L Y P M C H C R B H J
O A O E T O R I F S T U A Y A
N D T H A A J R Y L I A F K P
B O I B T N U I E K E B E R L
E A I A S K D E U B O R I H Y
R N S Y T A C E R O R V U H K
R L H A L O E U R A E A G A A
Y F E P R L L E B T J T B F L
F T X F A S O M I M T K J C I
O M H P R D B H X E R U J O E
```

ALOE	FUCHSIA	LINGONBERRY
AZALEA	GORSE	MIMOSA
BARBERRY	HEATHER	MISTLETOE
BUCKTHORN	HIBISCUS	MYRTLE
DAPHNE	HOLLY	OLEANDER
DOGWOOD	LAUREL	PRIVET
FORSYTHIA	LILAC	SAGE

233 Psychology

```
I  H  S  M  J  P  P  G  H  Y  R  A  P  M  A
S  E  N  A  N  A  L  Y  S  I  S  N  I  S  M
D  U  Y  P  T  S  P  T  Y  T  A  R  S  N  Y
E  R  P  I  M  O  E  T  L  R  R  I  N  O  G
H  I  D  M  M  L  E  L  C  C  M  E  C  I  D
F  S  E  A  A  I  A  O  F  I  B  O  S  S  A
I  T  N  D  X  C  L  W  L  E  N  R  T  S  L
X  I  I  N  R  E  O  A  A  F  S  O  M  E  A
A  C  A  B  P  R  T  P  I  R  E  T  Q  R  Z
T  S  L  S  T  I  X  D  P  Y  D  S  E  G  P
I  Y  Y  R  O  M  E  M  C  I  O  H  C  E  A
O  D  A  N  I  N  T  B  R  Y  H  S  T  R  M
N  I  U  I  C  M  F  M  I  D  B  R  A  I  N
T  R  G  E  N  O  T  Y  P  E  I  Q  U  C  W
K  N  O  I  S  U  L  E  D  U  T  I  T  T  A
```

AMYGDALA	DENIAL	MIDBRAIN
ANALYSIS	ECHOIC MEMORY	NARCOLEPSY
ANXIETY	FIXATION	REGRESSION
ASSIMILATION	GENOTYPE	SELF-ESTEEM
ATTITUDE	HEURISTICS	STRESS
CONFIDENCE	HIPPOCAMPUS	TRAIT
DELUSION	HYPOMANIA	WITHDRAWAL

234 eBay

```
B  A  W  P  A  G  F  W  G  P  S  U  T  A  A
T  A  O  T  I  F  P  O  S  T  A  G  E  E  N
I  U  N  N  S  L  C  P  T  K  Q  L  M  A  K
Q  B  T  U  N  A  W  E  B  G  J  U  V  L  C
S  C  I  I  I  W  B  N  E  G  A  S  S  E  M
R  T  Y  D  P  T  L  O  S  V  J  E  M  B  C
C  O  U  R  I  E  R  F  T  O  R  R  S  A  X
D  P  B  F  N  N  E  F  O  V  R  E  T  L  O
L  O  L  O  G  E  C  E  F  T  L  E  S  Q  Z
T  I  W  C  D  U  S  R  F  L  G  L  Y  E  J
A  S  S  B  S  C  A  T  E  O  Y  K  S  U  R
S  H  A  T  R  U  A  R  R  M  V  T  G  T  B
Q  C  O  O  I  Z  A  Y  I  R  E  F  U  N  D
K  C  W  I  G  N  R  E  T  U  R  N  S  J  F
K  E  C  I  R  P  G  N  I  T  R  A  T  S  L
```

BEST OFFER	FEEDBACK	RESERVE
BID INCREMENT	LABEL	RETURNS
BUY IT NOW	LISTING	SELLER
BUYER	MESSAGE	SNIPING
CATEGORY	OPEN OFFER	STARTING PRICE
COURIER	POSTAGE	STOCK
ESCROW	REFUND	USER

235 Sausages

```
Y U U Z D W O L L I T O B L F
Z A S I I B I R O L D O O K A
A B O B M O R O N G A N E C D
K T P P U A K A Y X G D R H I
K N D E L E L H T A Z N E I M
A U I P A X A A N W E A W P T
N X L P S T T I S A U L O O S
D P Y E P R Z U P B G R R L I
O E A R N A T S O A R E S A W
U S A E B W B Z P F E B U T T
I T P T X U I A I O M M G A O
L S L T S R U W Y R R U C L M
L V A E O S A C I N A C U L K
E L I H S T I Q T G W I R X T
E J C T T S D A I E W P S L R
```

ANDOUILLE	CUMBERLAND	LONGANIZA
BIROLDO	CURRYWURST	LUCANICA
BOEREWORS	DIOT	MERGUEZ
BOTILLO	EXTRAWURST	MORONGA
BRATWURST	KAZY	PEPPERETTE
CHIPOLATA	KNIPP	SALAMI
CHORIZO	KULEN	SALUMI

236 Herbs

```
P R C L O V E P G W Q S A R E
L Q R A V E L I G A A R K U A
P L I M R E L A D A S S B S B
D O C H E R V I L T D P A O A
T E A K I R P A P S A U G B S
Z O F L A I V T A S T M O F I
M T E E D E I S U A E R G E L
C U M I N Q T A R R A G O N S
U Y L D P U V F O G M T X N E
W L E Q O T G F E N F E L E V
A R H L S W S R E O A G R L I
L I R R S T Q O E M R G R I H
P Q R F Y R V N M E S W E C C
S E M Y H T A T S L K I X R D
H H E J U N I P E R Y F P B O
```

BASIL	FENNEL	PAPRIKA
BORAGE	FENUGREEK	PARSLEY
CHERVIL	HYSSOP	SAFFRON
CHIVES	JUNIPER	TARRAGON
CLOVE	LAVENDER	THYME
CUMIN	LEMONGRASS	TURMERIC
DILL	OREGANO	WASABI

237 Percussion Instruments

```
J  X  S  E  S  W  U  Q  T  S  V  S  P  T  K
S  D  L  E  N  O  H  P  O  L  Y  X  C  C  N
A  S  I  P  A  O  A  K  R  E  J  T  I  A  E
C  C  C  B  R  D  H  B  M  A  G  E  M  S  R
A  Y  T  F  E  B  C  P  M  O  T  T  B  T  L
R  M  I  T  D  L  T  A  A  I  T  T  A  A  G
A  B  M  I  R  O  L  Y  X  R  R  M  L  N  V
M  A  P  R  U  C  P  T  W  A  B  A  O  E  C
S  L  A  E  M  K  F  H  R  O  L  I  M  T  E
L  S  N  P  T  Y  I  R  U  E  E  V  V  S  A
W  P  I  P  D  S  I  R  R  H  E  P  F  M  R
A  D  B  A  T  R  I  A  N  G  L  E  S  Y  L
X  B  A  L  A  N  V  I  L  N  K  Z  W  I  A
S  Y  E  C  E  N  O  H  P  O  H  T  I  L  J
K  N  F  U  L  R  T  B  R  G  J  W  U  D  A
```

ANVIL	LITHOPHONE	TOM-TOM
BELL TREE	MARACAS	TRIANGLE
CASTANETS	MARIMBA	VIBRAPHONE
CIMBALOM	RATTLE	WHISTLE
CLAPPER	SNARE DRUM	WOOD BLOCK
CYMBALS	TAMBOURINE	XYLOPHONE
GONG	TIMPANI	XYLORIMBA

238 Plumbing

```
T V P U Q E R R E S I R R L F
G A S K E T A R W O L F G K K
A X I N V L R Y I R I M N M I
I A I R L O C K C R B M I R A
R R Q O A E S I E G A T H S D
G E C W V I S D B G C N S E W
A F L R D T U A R N K E U O M
P I R I E C F N E I P U B B E
L L W R E F B W L T R L R R O
U L N R L F I P I T E F L T S
N T V E B R V C O I S F U T A
G U P R U Y T A B F S E Y F S
E B E G N A L F L S U T S T U
R E Q A N X R A V V R L D T O
S U L K R A F O T H E D X W U
```

AIR GAP	CISTERN	GASKET
AIRLOCK	COLLAR	PLUNGER
BACK PRESSURE	EFFLUENT	REDUCER
BAFFLE	ELBOW	REFILL TUBE
BLEED VALVE	FITTING	RELIEF VALVE
BOILER	FLANGE	RISER
BUSHING	FLOW RATE	SEPTIC TANK

239 Around Germany

```
N J E K B R G R S M A I N Z G
U E T N N O B V X A G I H T Q
Z D S M U N I C H G L D A R Z
C V W S F B E T F D R P N U D
O F Z U E S L O F E C A O F M
L O L R P E E D S B B N V K R
O Y L O I P F D O U U R E N U
G I A P S U E H U R S L R A K
N R Z R O N L R E G T M Y R P
E I U S R P D M T Q P M Q F U
G T A B L I B N Y A T D U A H
W D N E M E R B Q K L Z S N H
Z A F T R A G T T U T S H Z D
L A K G N E H C A A A E Z D T
L O E S X T J C A P V P F Z S
```

AACHEN	DRESDEN	MAGDEBURG
BERLIN	ESSEN	MAINZ
BIELEFELD	FRANKFURT	MUNICH
BONN	HAMBURG	NUREMBERG
BREMEN	HANOVER	PASSAU
COLOGNE	KARLSRUHE	STUTTGART
DORTMUND	LEIPZIG	WUPPERTAL

240 Sciences

```
S E N I C I D E M W W N L M A
T Y G O L O R T E P E W Y E N
P H Y S I C S S A S F D G C A
Y S G P A T H O L O G Y O H T
G R O Y S C I T P O F C L A O
O E L I G T M R A R E U O N M
L N O F E O H I T A Q J T I Y
O E I S K D L Y N U R A Y C N
C U B T C R Y O G E N I C S A
E R N X E I G N I O O R A Z T
M O A O S R E R A S L R R R O
D L M G A I Z N L M Y O Y R B
N O U P V P O A C R I H O I S
O G H Y R T S I M E H C P Z T
T Y M O N O R T S A F U S A E
```

ANATOMY	ECOLOGY	OCEANOGRAPHY
ASTRONOMY	GEOSCIENCE	OPTICS
BOTANY	HUMAN BIOLOGY	PATHOLOGY
CHEMISTRY	MECHANICS	PETROLOGY
CRYOGENICS	MEDICINE	PHYSICS
CYTOLOGY	NEUROLOGY	PHYSIOLOGY
DYNAMICS	NUTRITION	ZOOLOGY

241 Greek Mythological Figures

```
O I J U T J F S D E M E T E R
O A T H E N A O O O V H Q A U
M P H Z S I M E T R A Q V S R
T O A A E V T L P N E A E S N
S L D U R U D J A I J A E R C
K L E H A X S T A H I H M I S
P O S E I D O N E H T G F P R
P L E P U S U B E R E R R A X
T W M H C F E U B W N S Z A I
U T R A R A V F A T R O T R J
V T E E T I D O R H P A A I F
U A H S E L E N E E R H S C A
W S X T O C R A W R W C A L X
S R G U S J C S Z A B H X R V
V D I S U N O R C S X X L T U
```

APHRODITE	DEMETER	HERMES
APOLLO	EREBUS	HESTIA
ARES	EROS	POSEIDON
ARTEMIS	HADES	RHEA
ATHENA	HEBE	SELENE
CHAOS	HEPHAESTUS	THANATOS
CRONUS	HERA	ZEUS

242 Family Viewing

```
Y T Z A I S A T N A F U P O C
S H O S C A L A D D I N S E S
D E L G N A T L C P N E W T R
D G M S J G A R A P D R R I J
H O Z O G N I K N O I L E H T
M O O D N C A R S N N A C W I
S D B B O G O N S A G G K W B
A D A Z A M K I A S N O I O B
T I I J Q M D C Y O E O T N A
X N T P K E B K O E M D R S R
O O S N O I N I M L O B A W R
Z S W U S J N E Z O R F L S E
R A T A T O U I L L E E P J T
B U W Y B A B S S O B E H T E
Y R O T S Y O T E K E R H S P
```

ALADDIN	INSIDE OUT	SNOW WHITE
BAMBI	MINIONS	TANGLED
CARS	MOANA	THE BOSS BABY
DOOGAL	PETER RABBIT	THE GOOD DINOSAUR
FANTASIA	RATATOUILLE	THE LION KING
FINDING NEMO	SHERLOCK GNOMES	TOY STORY
FROZEN	SHREK	WRECK-IT RALPH

243 Golfers

```
A T B L B B S U X B N O X A F
P E T R O L W Z O P U C S O T
F T C Q R P O T L P I U R H L
X G O R R I A J L E U C N C N
Q S R H P A T X E T T U O O Y
S K S A T G J N B R O R S V S
S I P L H W S T P V B T L E E
R T A N S A E N M R R I E R L
J E L A F H M O A I P S K T P
F V M H J S O D C L C L C O U
T U E A U N L K T R E V I N O
Z O R M E E E M K V V H M X C
Q O I Y Y R E G N I Z A M D W
M R R E K C C Z U S E I V A D
L V L P O A S V F S E S V S N
```

AZINGER	DAVIES	MAHAN
BRADLEY	FAXON	MICKELSON
CAMPBELL	FUNK	OCHOA
COUPLES	FURYK	OVERTON
CREAMER	KERR	PALMER
CRENSHAW	KITE	STRICKER
CURTIS	LEHMAN	TREVINO

244 Words Containing 'X'

```
C J J W M E A B D E O R Y S W
R D E N U C X K E X X E T H O
W M H F M X E U I P E Z E S S
S R E I I Y F F B R L C I I C
X F L X X L S C X E P N X U T
R B O A A E R U M S R T N G E
T E H T M M L R X S E A A N X
R S X I U Y I I S E P O N I A
I L O O A M T N N T N W X T C
T S F N N O I T A T C E P X E
Q S H B P N P X S T U P T E R
D R O F X O P N I C I M P T B
Q N O N E X S Y Q N P O F N A
W R G G B A P L W B G Y N O T
W E E X O T I C L R J Y S C E
```

ANXIETY	EXTINGUISH	NEXUS
CONTEXT	EXUBERANT	OXFORD
EXACERBATE	FIXATION	PERPLEX
EXAMINATION	FOXHOLE	SIXTEEN
EXOTIC	LYNX	TAXONOMY
EXPECTATION	MAXIMUM	XENON
EXPRESS	MIXING	XYLEM

245 Episodes of The Simpsons

```
Z N W O T E H T H E F R O N T
R A D I O A C T I V E M A N B
I E N O L A R E M O H U W B M
D S D A N C I N H O M E R E O
U P A D N A R E M O H W D R A
F Y W H A C K I N G D A Y E N
F O J J A L I S A O N I C E I
L B F E A R S O F A C L O W N
E E T F A R C R E V O C O T G
S N O S P M I S E L P M I S L
S O L K Y E N O M D L O S S I
W G R L I S A S P O N Y M I S
U R E I T S U R K P M A K B A
T C T E A M H O M E R E L T A
N W O T G O D U B E S O R F L
```

COVERCRAFT	HOMER ALONE	RADIOACTIVE MAN
DANCIN' HOMER	HOMER AND APU	ROSEBUD
DOGTOWN	KAMP KRUSTIER	SIMPLE SIMPSON
DUFFLESS	LISA ON ICE	TEAM HOMER
FEARS OF A CLOWN	LISA'S PONY	THE FRONT
FLANDERS' LADDER	MOANING LISA	THE TOWN
GONE BOY	OLD MONEY	WHACKING DAY

246 Mexico

```
T B A A D U H N R F S A R E I
Y X A L A P A S O N Y E R A O
U O Y A V W O C I P M A T F A
I B O D A M U I A N T F U C N
D Y T I C O T A U J A N A U G
L P A I U R E C A T E P E C O
I L U L L E O N U K U V S Y B
T G P A O L C J S L O J P T C
R L A C T I U G C L I V E I A
P A R I A A J O A R H A S J N
S P I X R D U R A N G O C U C
Q E Y E R R E T N O M G R A U
U Y Z M P D N S J H S R D N N
X P E S O E T E P U E B L A I
T I U B N S B H S N P O R E D
```

ACAPULCO	JUAREZ	PUEBLA
CANCUN	LEON	REYNOSA
CULIACAN	MEXICALI	SPANISH
DURANGO	MONTERREY	TAMPICO
ECATEPEC	MORELIA	TIJUANA
GUANAJUATO CITY	NUEVO LAREDO	TOLUCA
IRAPUATO	PESO	XALAPA

247 Street Suffixes

```
T A S W W R Y P I A Z E V B T
G V S A S T L L G K M T Q L I
I R E L K V S I R F E R W K N
S F P I P N E A Z R J O A I A
R T T G P W R E T O A M L A I
R O E A W E P U G G O G U M T
L O T U H I L L S D R H K F M
N H O E A V V T A O B A N K F
E Y N A R E M Y V Z U L P U A
D T A E F R E E E N A L Y A K
T O S O H A A H N L A E C T E
P Z U S L U D C U C L O S E D
A A M O R Q O N E H P A G I J
W L E A R S W A E S T R T T R
F A R M E W S R E A A T R O F
```

ALLEY	HALL	PLAZA
AVENUE	HILLS	RANCH
BANK	LANE	RISE
CLOSE	MEADOWS	SQUARE
COPSE	MEWS	TERRACE
FARM	PATH	VIEW
GROVE	PLACE	WHARF

248 Archaeology

```
L R Z M A Y X S T I P T S E T
K U O G G Y G S U R V E Y X N
M O D C U H S O Y L C P A C I
I S S C K P Z H L E U S V A O
D Z T I R A Y M R O S M B V P
D D L R D R R A N E N A U A E
E O I O Q G M T M Z C O H T L
N M S T A I L B U K U P R E I
M I S S C T L A D H I Z O H T
I N O I T A C I F I S S A L C
B S F H G R R D E B I T A G E
E I R E O T Y P O L O G Y R J
A T A R T S U F E A T U R E O
M U D P T I D E F A Q X T J R
E M C R J U S A E M I Y U A P
```

ASSEMBLAGE

BACK DIRT

CERAMIC

CHRONOLOGY

CLASSIFICATION

DEBITAGE

EXCAVATE

FEATURE

FOSSIL

IN SITU

MIDDEN

PREHISTORIC

PROJECTILE POINT

ROCK ART

SITE

STRATA

STRATIGRAPHY

SURVEY

TEST PIT

TUMULUS

TYPOLOGY

249 Ryan Gosling

```
O R U J F R A C T U R E V Z E
N O I T A R E N E G E R J F S
S Y U G E C I N E H T Y A T S
G E F H G I H R E K A E R B M
N B L U E V A L E N T I N E L
I D A U Q S R E T S G N A G O
H I S U C A N A D I A N L K S
T E H R T R O H S G I B E H T
D C F S T H E B E L I E V E R
O C O W O D A H S E T I H W I
O D R I V E I J G A C T O R V
G E W P N O S L E N F L A H E
L R A J G O O S E B U M P S R
L U R T H E N O T E B O O K J
A X D N A L A L A L Q V Y W O
```

ACTOR	FRACTURE	STAY
ALL GOOD THINGS	GANGSTER SQUAD	THE BELIEVER
BLUE VALENTINE	GOOSEBUMPS	THE BIG SHORT
BREAKER HIGH	HALF NELSON	THE NICE GUYS
CANADIAN	LA LA LAND	THE NOTEBOOK
DRIVE	LOST RIVER	WHITE SHADOW
FLASH FORWARD	REGENERATION	YOUNG HERCULES

250 Brazilian Cities

```
L  E  S  O  I  X  O  P  T  A  O  I  L  J  G
M  T  X  P  S  B  R  O  D  A  V  L  A  S  J
E  E  E  O  L  U  A  P  O  A  S  J  B  F  E
G  T  D  R  Y  A  S  O  H  L  U  R  A  U  G
A  Z  N  T  E  A  B  I  T  I  R  U  C  D  N
T  W  A  O  O  S  I  R  Z  A  P  W  O  S  C
N  D  R  A  Z  Z  I  D  J  N  O  S  R  S  A
O  B  G  L  L  I  E  N  A  I  R  R  O  L  M
C  F  O  E  A  F  R  R  A  R  T  E  S  J  P
A  F  P  G  O  T  A  O  U  D  O  C  A  I  I
Q  W  M  R  E  C  A  S  H  N  V  I  S  P  N
P  S  A  E  A  E  I  N  S  O  E  F  C  M  A
T  K  C  J  O  I  N  V  I  L  L  E  O  T  S
E  S  U  A  N  A  M  U  L  R  H  E  E  E  V
Y  E  E  A  Z  E  L  A  T  R  O  F  B  R  Q
```

ARACAJU	GUARULHOS	PORTO ALEGRE
BELO HORIZONTE	JOINVILLE	PORTO VELHO
CAMPINAS	JUIZ DE FORA	RECIFE
CAMPO GRANDE	LONDRINA	SALVADOR
CONTAGEM	MANAUS	SAO PAULO
CURITIBA	NATAL	SOROCABA
FORTALEZA	OSASCO	TERESINA

251 Alice in Wonderland

```
S L L O R R A C S I W E L T P
S G D I W B D T T D H L E T L
E T L S H I C Z R F P T I H N
H A R R I L E N A L S R N E O
C C O A T L B T E A E U N D V
U E W B E T T H H M R T E O E
D R Y B R H C E F I A K T D L
E I S I A E F D O N H C N O E
H H A T B L Y O N G H O H D S
T S T H B I R R E O C M O R U
O E N O I Z O M E V R Z J S O
R H A L T A L O U S A Y U K M
H C F E D R E U Q I M N W A E
H S B R V D H S J L R T K P H
K C U D E H T E L G A E E H T
```

BILL THE LIZARD	LEWIS CARROLL	THE DORMOUSE
CHESHIRE CAT	MARCH HARE	THE DUCHESS
FANTASY WORLD	MOCK TURTLE	THE DUCK
FLAMINGO	NOVEL	THE EAGLET
HATTER	QUEEN OF HEARTS	THE LORY
JOHN TENNIEL	RABBIT HOLE	THE MOUSE
KNAVE OF HEARTS	THE DODO	WHITE RABBIT

252 Fruits

```
J  S  U  F  M  T  T  F  R  E  N  S  P  O  N
S  E  Z  Y  I  X  C  G  O  R  A  N  G  E  O
E  P  O  M  E  G  R  A  N  A  T  E  C  S  S
R  Y  T  G  B  P  L  E  M  O  N  T  E  H  M
Y  R  N  O  L  E  M  R  E  T  A  W  P  I  A
P  R  A  O  S  A  C  H  E  R  R  Y  A  P  D
O  E  R  S  H  C  A  Y  I  S  R  M  R  P  Q
L  B  A  E  P  H  O  N  T  O  U  I  G  U  E
T  E  Q  B  B  B  E  D  G  X  C  E  I  A  R
Z  U  U  E  A  W  E  I  P  O  K  N  O  E  D
A  L  O  R  N  P  A  R  T  E  C  P  M  Q  T
Y  B  O  R  A  O  P  R  R  E  A  F  A  C  A
F  P  B  Y  N  R  L  L  T  Y  L  R  T  P  R
E  S  G  U  A  V  A  O  E  S  B  R  H  O  E
L  H  L  E  T  H  S  N  W  L  A  U  A  B  G
```

APPLE	FIG	PEACH
APRICOT	GOOSEBERRY	PEAR
BANANA	GRAPE	POMEGRANATE
BLACKCURRANT	GUAVA	QUINCE
BLUEBERRY	LEMON	RASPBERRY
CHERRY	NECTARINE	STRAWBERRY
DAMSON	ORANGE	WATERMELON

253 Rainforest Creatures

```
O S I N S I I D S Z H U T T M
M P T G Y L C P P O L E U O T
B I O O K S O T A E T W U L Y
E D I R L C G T M K R N Y E B
N E G F P A Z U H E O A R C S
G R O T C I R T S N O C A O B
A M T R N A B A V A N U W S T
L O T A L D I S B S T O O R D
T N O D B N N E I Y P T S A U
I K R N P O T L O A P Z S U L
G E R O J C U Y L T M A A G Y
E Y A S C A R L E T M A C A W
R E P I V N O O B A G W N J O
Y I T O R A N G U T A N C G I
T A T P K U G A X O L U G K E
```

ANACONDA	GABOON VIPER	PARROT
BAT	HOATZIN	POISON DART FROG
BENGAL TIGER	JAGUAR	SCARLET MACAW
BINTURONG	LEMUR	SIAMANG
BOA CONSTRICTOR	OCELOT	SLOTH
CAPYBARA	OKAPI	SPIDER MONKEY
CASSOWARY	ORANGUTAN	TOUCAN

254 African Capitals

```
M P V R N P Y M B R U D C Y U
A E O R W R R N A I R O B I V
P L J R O R K I B Z P R A I A
U I G U T T A B A R S M C A T
T L T I E L N S B H P T S E M
O C R A E O O G A B O R O N E
W P I I R C U S R L X R X U
S F P V F I S N I A M E Y U Y
G T O O L A H A D S J G N T P
T R L R U C U F D Z I X K T R
C K I N S H A S A N A N V M P
K M H O A E H R A K A D U T A
I U P M K B O O M A L U I T F
G K I G A L I Q V E E O L D S
A D Y U O U Z E S E T P D R I
```

ADDIS ABABA	KIGALI	NIAMEY
ALGIERS	KINSHASA	PORT LOUIS
CAIRO	LUANDA	PRAIA
CONAKRY	LUSAKA	RABAT
DAKAR	MAPUTO	TRIPOLI
FREETOWN	MONROVIA	TUNIS
GABORONE	NAIROBI	VICTORIA

255 Electric Devices

```
V R O R E D D E R H S W F A I
T R E N N A C S A D R R I O S
R O T A R E G I R F E R R F H
O E A W A G R I J E Y S O T A
U K N K S D L R Z O R O N E V
S T S A R L T E L X D J N L E
E A A Y E C R B O P E B A E R
R L E B R L L I R G L A F V T
P R T Y L S C O E P B S W I O
R A R T E E C M P H M T O S A
E A P L E E L S U S U A D I S
S X A C S K R A V U T U N O T
S W A S H I N G M A C H I N E
O C O M P U T E R P D A W U R
Q R M I C R O W A V E O V E N
```

COMPUTER	KETTLE	TELEVISION
DRILL	MICROWAVE OVEN	TOASTER
FOOD PROCESSOR	REFRIGERATOR	TROUSER PRESS
FREEZER	SCANNER	TUMBLE DRYER
GRILL	SHAVER	VACUUM CLEANER
HAIRDRYER	SHREDDER	WASHING MACHINE
IRON	TABLE LAMP	WINDOW FAN

256 Money Words

```
H O L E G A L T E N D E R M L
L O I G A N P Y H D T I I E F
I T D D D R I S R S O J I R T
S T S E Z F O L X S A M U S A
U W Z H S C U R R E N C Y P W
R Q I A T P I E C E R G V L I
P P C N O I T A X A T U Y A M
K E I Z D A Y R A L A S F G A
C R N J N F L P E B U D G E T
O H G N I R A E G T O M Y E G
I C A P I T A L T L G W L T D
N J K N U E R P L I I A O R A
S J L R G R S A I W B G R R O
G G T I D E R C K O F E U N D
U N O T E S G N I V A S D E K
```

BUDGET	DEBIT	RECEIPT
CAPITAL	DOLLARS	SALARY
CASH	GEARING	SAVINGS
CHANGE	HEDGE	STERLING
COINS	LEGAL TENDER	TAXATION
CREDIT	NOTES	WAGES
CURRENCY	PENNIES	WINDFALL

257 Scottish Islands

```
Y Y Y E C A N O A H P S Z S N
A A A A E O O M D G Y K L R L
V S S L P L L T U I E O F P O
L R N M U F T M G A R W O H O
J I A U E C N T G D H S U C X
F A R S R A E B I O P K L T T
O G A T O H R B E L M T A Y O
C R T G U E C G N F A U B I S
U Z A K S I R E W E S P M Z T
S T N S A R O M A H B L A C R
S S A S Y C A P K N B A L P O
T Y B T R S Q W L A N D R O N
R A C L R Y A S L I G E T R S
T I M J I M H T B U R R A Y A
A O Z R S P A A U S K E R R Y
```

AUSKERRY	CEANN EAR	GRAEMSAY
BALTA	EGILSAY	LAMBA
BARRA	EIGG	PAPA LITTLE
BENBECULA	ERISKA	ROUSAY
BRESSAY	FLODAIGH	SAMPHREY
BURRAY	FOULA	STRONSAY
CALBHA MOR	GAIRSAY	TARANSAY

258 UK Forests

```
X  I  P  D  U  G  I  S  B  U  R  N  K  Z  D
M  O  D  R  O  F  T  E  H  T  E  I  P  N  E
H  B  E  L  V  O  I  R  K  E  E  Y  I  P  S
L  A  W  L  W  M  W  I  A  L  R  N  E  C  U
O  G  F  H  Q  Y  N  N  D  Q  E  W  R  D  S
G  W  R  R  I  V  R  E  R  R  M  A  O  O  H
Q  Y  H  T  E  N  R  E  B  A  I  R  M  O  I
L  D  O  R  O  N  F  Y  S  K  H  S  N  W  D
B  I  L  L  A  N  D  E  G  L  A  C  E  H  A
D  R  I  T  U  E  E  U  L  L  B  E  L  C  R
F  H  E  W  O  P  U  L  T  L  H  S  G  Y  W
S  U  H  C  R  U  M  E  I  H  T  O  R  W  I
M  I  Y  K  H  M  M  Z  N  I  I  F  R  P  N
L  S  M  O  R  F  E  L  A  A  R  I  V  O  P
X  C  A  S  P  R  A  T  H  H  T  U  Z  A  Q
```

ABERNETHY	GISBURN	MORFE
BELVOIR	GLENMORE	ROTHIEMURCHUS
BRECHFA	GWYDIR	SHERWOOD
CHARNWOOD	HAFREN	THETFORD
COED-Y-BRENIN	KIELDER	WHINFELL
CRAIK	KINVER	WYCHWOOD
DARWIN	LLANDEGLA	WYRE

259 Songs

```
G A G X P U D P A T L U S P D
L S H T I A I G O N L U P R E
K U K B K D R T L E P Y T X R
N K L A L E G M B M R T U N E
L P G L E D E S C A N T H E M
C A S L A L V A B L H I Z H R
T E J A O B R S K R T D J A Y
Y A E D L O Y T E Y Y R J E T
T N Y Y L M N N Z D H I A P A
O T R E C N O C O J Y T R E T
A Y T L W D H S I T M U U Q S
E U C E Y R P L A I N T S O N
N F T G U A M B U L R A R U A
I N V Y H I Y R U T P S C O D
K O T R M R S R H Z O I T L P
```

AIR	DIRGE	PAEAN
ANTHEM	DITTY	PLAINT
BALLAD	ELEGY	PSALM
CANTO	HYMN	RHAPSODY
CAROL	LAMENT	SYMPHONY
CONCERTO	LULLABY	THRENODY
DESCANT	MELODY	TUNE

260 At the Gym

```
G N I M M I W S T A U Q S Q I
N N B S P C T B A R B E L L Z
I T I R T R E A D M I L L B Z
N F H T E C N A R U D N E A G
I R W A F S T E P P E R B L N
A O A P E I G U Y A S E E A I
R W L W S R L C M T N T L N G
T I K E K B O T N C O E T C G
T N I R X I A B H F H M T E O
I G N P O E U P I G R O E B J
U K G O L U R U M C I D K O H
C T S T R E T C H E S E K A Q
R T T J S P W I I B R P W R R
I W T S D P N O N S O O U D B
C Y C L I N G R T E E A O F S
```

AEROBICS

BALANCE BOARD

BARBELL

BENCH PRESS

CIRCUIT TRAINING

CYCLING

ENDURANCE

EXERCISE

JOGGING

KETTLEBELL

PEDOMETER

ROUTINE

ROWING

SQUATS

STEPPER

STRETCHES

SWIMMING

TOWEL

TREADMILL

WALKING

WEIGHTLIFTING

261 Snooker

```
E W T F R T H V B U U C S Z U
A I A K S P I D E R U B S O W
B N U M T J W O L L E Y T P S
L W K W P N T O G Y B A T T A
L O A L L U O F N R O U K P S
A R N K P L S M A U K I O T B
B B O G N L A J I T S C T D R
E X I C P X F B R N K T E Q M
U U H E I O E E T E Y H G U E
C U S M N T T P T C T M D W M
B G U A K J Y X W K E P I D U
T M C R V R S R R U L J R A H
R U Y F P V H G E Z I A B R K
U S R A L U O O T S E U H O N
C P D W P L T E N U T I R C N
```

BAIZE	CUSHION	PINK
BREAK	DOUBLE	POCKET
BRIDGE	FOUL	REST
BROWN	FRAME	SAFETY SHOT
CENTURY	LONG POT	SPIDER
CHALK	MAXIMUM	TRIANGLE
CUE BALL	OBJECT BALL	YELLOW

262 Housing

```
S J R E T R H W E U A T Z P S
V R O N E C X H T T T K I B A
X R H A N O K E M W K V N N A
Y U S O B C B G B R H K F I H
S A C H A T E A U R T W T B M
D A C H A Z M T T T X O A A J
R I S R B C A T A R R L P C E
M L Q U W S N O I S N A M G D
S A P H R X K C G U R G D O X
K R B I V I L L A T A N L L K
T G L Z U J I I M I N U X L S
A C P T I S D E B A C B A U E
Q D E T M A N O R S H Y U R T
P R C A S T L E E E E P E T T
M A K A P I F L L W X M P N J
```

APARTMENT

BEDSIT

BUNGALOW

CASTLE

CHATEAU

CONCH

COTTAGE

DACHA

GAMBREL

HANOK

IZBA

LOG CABIN

MANOR

MANSION

MINKA

RANCH

SHACK

TEPEE

TRULLO

VILLA

YURT

263 'B' Words

```
E B U F F O O N O F G W T E H
G R O A T V B L A N D M R J A
N O P X Q U Z B D G R A V L I
I T E C N R A T U W A W Z U S
R H U K S S E L E S A B A M S
E E E T T E U G A B Y B A O L
D R O W S D A O R B O H S O O
L P B U H B E G R U D G E L Y
I B P B S L B O T E L L A B R
W O R A U R A I A I T Z E N E
E T V R O D Q O H R F S D F V
B T B G C U R E D V C E I S A
D L U A E P I S V V N I N O R
R E S I G B R E P E E K E E B
U T A N D M I V L U Y L M R B
```

BAGUETTE	BEWILDERING	BROADCAST
BALLET	BLAND	BROADSWORD
BARGAIN	BLOOM	BROGUE
BASELESS	BOISTEROUS	BROTHER
BEEKEEPER	BOTTLE	BUFFOON
BEGRUDGE	BOUTIQUE	BUNKER
BENEFIT	BRAVERY	BUSY

266

264 Poisonous Plants

```
S N O W D R O P R I V E T K W
P W O E Y P T Y T R R E D L E
O O E R R X O N G A O N G A N
I L T V D S T I N K W E E D A
S F S M O N R Y N L O P T A B
O S P U W L E O F S I I O F N
N B I R W W G D S A E T K F E
I A N A U K S X O A R T I O H
V N D D I B G R O D R A T D O
Y E L L A V E H T F O Y L I L
Z X E I I V R L R O C H P L A
T T T W J L A R K S P U R E S
Y W R R K T X N N C I S G O A
N S E A D E E S N O O M L R I
O L E A N D E R C K I C W G B
```

COCKLEBUR   MOONSEED   ROSARY PEA

DAFFODIL   OLEANDER   SNOWDROP

ELDER   ONGAONGA   SPINDLE TREE

FOXGLOVE   POINSETTIA   STINKWEED

HENBANE   POISON IVY   WILD ARUM

LARKSPUR   PRIVET   WOLFSBANE

LILY OF THE VALLEY RHODODENDRON   YEW

265 Will Smith

```
A E H A E M E N I N B L A C K
S C I A S L T Q F O C U S B A
G M T N R O A V R H H A Q P W
E A C O N S T T E V T J O M I
J D H A R A S H S J R B K O L
F E A U N N E E H R A R C H D
F I I L O G H K P S E T O T W
E N A U I E T A R H R T C H I
B A M E S L F R I A E T N G L
R M L Z S E O A N R T C A I D
B E E S U S Y T C K F X H R W
W R G G C P M E E T A T S B E
Z I E Y N T E K B A D B O Y S
U C N S O B N I L L B S T N T
Y A D E C N E D N E P E D N I
```

ACTOR	ENEMY OF THE STATE	LOS ANGELES
AFTER EARTH	FOCUS	MADE IN AMERICA
ALI	FRESH PRINCE	MEN IN BLACK
ANNIE	HANCOCK	SHARK TALE
BAD BOYS	HITCH	THE KARATE KID
BRIGHT	I AM LEGEND	WILD WILD WEST
CONCUSSION	INDEPENDENCE DAY	WINTER'S TALE

266 Alanis Morissette

```
T N E S N U N D E R N E A T H
O T F N A N O T A S W E J H T
G S E N O Q Y Y A W A K L A W
N O O E A A D A G Y R U H N X
I N P P F I P C I N O R I K T
H G K U U R D O E I I W P U A
T W I Z R R E R L A O N M U H
Y R N L T R E V A O U N I Q P
R I G H T T H R O U G H Y O U
E T O H O O T D L D G I E X J
V E F T N A I D A N A C E T H
E R P L P O N S I N G E R S L
U H A N D S C L E A N K H P T
U N I N V I T E D A F X H A S
B N N R A E L U O Y L O Q R U
```

CANADIAN

EVERYTHING

GUARDIAN

HANDS CLEAN

HEAD OVER FEET

IRONIC

JOINING YOU

KING OF PAIN

NO APOLOGIES

NOT AS WE

RIGHT THROUGH YOU

SINGER

SO PURE

SONGWRITER

THANK U

TOO HOT

UNDERNEATH

UNINVITED

UNSENT

WALK AWAY

YOU LEARN

267 Chocolate

```
R E D W O P A O C O C F A S U
A R E T T U B A O C O C M T Z
W S C U R I S Q N O S I S U C
R T H R S Y M W D U D N M Q T
E T I O T G L S E V E A T X H
C O C O A B E A N E S G R C T
D B R O W N I E S R T R S K U
T T V M O U S S E T E O J P N
P C S G F Y V E D U I Y Q V O
D E S S E R T E M R U O G N E
U S W H I G Y I I E T I H W X
S W R B Q W N A L L I N A V T
A A R J U T S A K T A A Z Q U
U P V I N C H E R R Y L A D E
H U D S T E E F F O C T R V K
```

BROWNIES	COUVERTURE	ORANGE
CHERRY	DARK	ORGANIC
COCOA BEAN	DESSERT	RAW
COCOA BUTTER	FOOD	SWEET
COCOA POWDER	GOURMET	SWISS
COFFEE	MINT	VANILLA
CONDENSED MILK	MOUSSE	WHITE

268 Active Volcanoes

```
M A A E A M I J A R U K A S L
O O M O U N T H O O D I R N I
U O U O T T A L Y K X O E L
N E R N U A R E Z L I A B L O
T R R E T N K J T I L P M E B
F E L T I M T A F N A O A H M
U K O O A N E U R L U T T T O
J A A F G A I R N K E O J S R
I B S V A N L A A Z A C M T T
P T G L A C I E R P E A K N S
I N W R E D O U B T I N L U L
X U V D T Z M A Y O N N Y O W
E O B U T A N I P T N U O M T
K M Z S U B E R E T N U O M E
Z L K Q B T A T V C O L I M A
```

COLIMA	MOUNT BAKER	MOUNT RAINIER
COTOPAXI	MOUNT EREBUS	MOUNT ST. HELENS
ERTA ALE	MOUNT ETNA	MOUNT UNZEN
GLACIER PEAK	MOUNT FUJI	REDOUBT
KILAUEA	MOUNT HOOD	SAKURAJIMA
KRAKATOA	MOUNT MERAPI	STROMBOLI
MAYON	MOUNT PINATUBO	TAMBORA

269 Authors

```
K O Y G M I B D S N R L V A F
I X E R H U C Y A S P S A X Q
K H S C J H I F R N E J M E F
H A N J Y O T S L O T W G T S
R N R E M O H D E O N E P G Y
E J S T Y O J N S T O I L E F
M D X S Z F S A S T J W T I A
A O G Q F K H V O O O E T S U
U O R R E C U A H C N Z R L U
G W O R I H E M I N G W A Y B
O T W Y I S S R Y E H A U R X
S A L R R S H S R A I M S E I
G N I K Y K O A N I A W T W Q
T S N J R N L N M S T A E K A
S N G F U D I C K E N S N X Q
```

ATWOOD	FITZGERALD	KING
AUSTEN	GRISHAM	MORRISON
BYRON	HEMINGWAY	ROWLING
CHAUCER	HOMER	TENNYSON
DANTE	JOHNSON	TOLSTOY
DICKENS	JOYCE	TWAIN
ELIOT	KEATS	WOOLF

270 London Tube Stations

```
T R E T A G H T U O S X M S G
W F B Y G L L A H X U A V C S
Z A E A C L L E W K C O T S I
K R T U L O L D S T R E E T M
Z R L E S H A A J X I E N X O
L I A M R T A M V N C R O U O
I N K P U L O M B O D S B C R
G G C A N N O N S T R E E T G
B D P U U E U O P G O S L H A
R O S M A F E I A N F P Y O T
N N E H V A M R E I X K R L E
A N H I L L I N G D O N A B A
T E U L I E T A G D L A M O O
V R T C P T S T R A T F O R D
S C O B N C V A G P O C I N R
```

ALDGATE	HOLBORN	PADDINGTON
BALHAM	MARYLEBONE	PIMLICO
CANNON STREET	MONUMENT	SOUTHGATE
EUSTON	MOORGATE	STOCKWELL
FARRINGDON	OLD STREET	STRATFORD
GREEN PARK	OVAL	VAUXHALL
HILLINGDON	OXFORD CIRCUS	WATERLOO

271 Halloween

```
V V I R Z M L C R B W C N K Y
L A A N A N O O M L L U F C L
D M L R A S J D X A Z G P I A
I P U U T U E Q O C S N U T N
O I C U T T K O F K S I M S T
R R M U N N H B E C F N P M E
S E Z U R P A L A A O E K O R
S S A S U P E R S T I T I O N
O H P C A T Y T A P O H N R O
F J A I O E T S W T A G V B R
P N R N D B S E H C T I W O D
U L T E C E W Y P E E R C N L
L S I I W E R E W O L F A E U
P I E Y U I G S B C G U R S A
I B S A S A Z S J S S W F A C
```

BLACK CAT	FRIGHTENING	SKELETON
BONES	FULL MOON	SPIDERS
BROOMSTICK	HAUNTED	SUPERSTITION
CAULDRON	LANTERN	TARANTULA
COBWEBS	PARTIES	VAMPIRE
COSTUMES	PUMPKIN	WEREWOLF
CREEPY	SCARY	WITCHES

272 Film Directors

```
A H R Z N O L A N O S K C A J
E K C I R B U K H C R R O A A
U I S A M Q X H O S E W P J R
R T R L O W L T F H Y J P A T
L N H X I L T B I G E L O W T
Q L O G G V Y U C C M C L W I
I Y J R R A V O D O M L A A O
T A E E E S E S R O C S C J
V N N A B M B Y T V X S Z H O
S R K D L T A R A N T I N O F
S E I Y E U Y C E S K E R W A
B V N V I R I A Y D M P K S E
I U S T P I S P N O O A O K H
N D U U S I B O Y L E S R I M
D Q A O R E H C N I F S P A X
```

ALMODOVAR	FINCHER	RAMSAY
ANDERSON	JACKSON	SCORSESE
BIGELOW	JENKINS	SCOTT
BOYLE	KUBRICK	SODERBERGH
CAMERON	LOACH	SPIELBERG
COPPOLA	MEYERS	TARANTINO
DUVERNAY	NOLAN	WACHOWSKI

273 Les Misérables

```
S  L  S  L  A  C  I  S  U  M  P  S  T  E  J
O  O  J  E  A  N  V  A  L  J  E  A  N  H  V
U  L  A  V  I  N  E  N  H  T  I  J  O  C  S
T  Y  L  O  J  E  T  T  E  S  O  C  I  O  F
C  O  A  N  F  O  J  K  E  L  J  L  T  R  S
N  O  I  L  L  E  B  E  R  E  N  U  J  V  S
U  G  N  A  E  F  U  A  A  M  L  E  Z  A  V
K  U  B  C  P  R  S  I  Y  G  A  G  J  G  F
P  H  O  I  O  Q  O  O  L  I  I  A  S  B  A
T  R  U  R  N  M  M  H  F  L  V  U  S  E  S
L  O  B  O  I  B  A  R  A  E  Y  I  R  A  L
Y  T  L  T  N  A  R  G  R  B  R  E  V  E  T
F  C  I  S  E  N  I  T  N  A  F  O  J  A  G
O  I  L  I  O  P  U  T  P  O  K  R  X  A  J
E  V  L  H  H  E  S  K  O  T  N  T  L  U  R
```

ALAIN BOUBLIL	FANTINE	JUNE REBELLION
AZELMA	FEUILLY	LESGLE
BAHOREL	GAVROCHE	MAGNON
BREVET	HISTORICAL NOVEL	MARIUS
COSETTE	JAVERT	MUSICAL
ENJOLRAS	JEAN VALJEAN	PARIS
EPONINE	JOLY	VICTOR HUGO

274 Extreme Sports

```
P K G W A K E B O A R D I N G
O H B O D Y B O A R D I N G N
T O I H P M U J E E G N U B I
H A N G G L I D I N G K G I K
O B A S E J U M P I N G N G L
L R T S B Z T B I E I N I N A
I G N I I K S T E J F I D I W
N O S S N O W B O A R D I N G
G P G N I E O N A C U A L N N
O B M X R A C I N G S L G U I
A N P A R K O U R B E B A R W
S K Y D I V I N G P T E R E E
G N I T I K D N A S I T A E I
G N I V I D E V A C K I P R H
G N I B M I L C E C I K R F E
```

BASE JUMPING	HANG-GLIDING	PARKOUR
BMX RACING	ICE CLIMBING	POTHOLING
BODYBOARDING	JET SKIING	SAND KITING
BUNGEE JUMP	KITE BLADING	SKYDIVING
CANOEING	KITE SURFING	SNOWBOARDING
CAVE DIVING	KNEEBOARDING	WAKEBOARDING
FREE RUNNING	PARAGLIDING	WING WALKING

275 French Lakes

```
X L B I E M R S L H S V A A R
B T W R J M B D H I M Y R L K
D W Q B I L R M H T N O M I G
Z Y S R R N L I S S M D I M L
C C O A Z F O A G A U B E Y R
E I H M I U G M C D P G D P S
R Q L A D E S P A R R O N D A
I J A N M L L Y O R O R R O S
H V T T S B D F D G A I C R L
Z Z P O I A O U O R Y L X I K
Q A U I T N V N Y U A G F G E
U K I B D O E S C U R H S A I
J B X S T I R L S E V C C P V
A G H E H R T I X P U A H A H
Z H T S N O S S E B R T L U H
```

ACHARD	D'AYDAT	LARAMON
BESSON	D'ESPARRON	LONG
BLEU	ESCUR	MIROIR
BRAMANT	FOURCHU	NOIR
CHAMBON	GAUBE	PROFOND
CLAUSIS	GIMONT	ROND
D'ASTI	LACROIX	VERT

276 Space

```
C E H S J L U W E A O H S R M
R T G T S B I M U T J R P C V
L L A G R U A O Q A S P A U R
S S A T U R N O E U L B H K S
O T Z A S O V A P O R U E A D
D F R A W D D E R S Y N B I F
J U P I T E R L E U R E J E X
B U T N T N P O D N U P A D N
C U Y E O C Z H G E C T Z I H
R H I V U Q H K I V R U P O I
S S A T E M O C A T E N A R G
S H T R A E G A N Y M E D E E
Y J M O O N A L T T P L U T O
T S J O B N S B W T I M O S M
H I S L C U P L S Y X A L A G
```

ASTEROID	GANYMEDE	PLUTO
BLACK HOLE	JUPITER	RED DWARF
CHARON	MARS	RED GIANT
COMET	MERCURY	SATURN
EARTH	MOON	SUPERNOVA
EUROPA	NEBULA	URANUS
GALAXY	NEPTUNE	VENUS

277 Moon Craters

```
S L P L R X N U M E R O V X M
A P T I B E H T S U I D A T S
K L O T O T I R S A E R V P W
I C L A V I U S R T S A O S E
S A U E J L E L S I R C G U W
E U L T T L G S G E O I A I O
L S I B L D U U L H M P D N O
E E U V A T L J R R F C R I T
U S U N A T N O M O G N O L E
C R M T E T E U B E A M P P S
U O I F S R E G M M T U H B C
S P H L D O G P N G U I U V R
J P U C A E T N E I K H U M U
S I Q A Y A S A A K U A Y S P
W A R I S T O T E L E S I R Y
```

ALBATEGNIUS   MESSIER   PLINIUS

ARISTOTELES   METIUS   RHEITA

AVOGADRO   MORSE   RUSSELL

CLAVIUS   NUMEROV   SELEUCUS

HUMBOLDT   PETAVIUS   STADIUS

LANGRENUS   PICARD   THEBIT

LONGOMONTANUS   PITATUS   TYCHO

278 US Mountains

```
K I E N O I Z T N U O M N R T
C S R S G A R C U H K O N H N
C A D K I D E N A L I U B O S
S E L A A S E Y A H T N U O M
P K O E E E F U E T T L L O
D A A P N H P O T B P S L I U
F N R E S O D A O T E A H B N
L U A L P R C R C F A I I E T
A A B Y X R A R A I K N L R B
T M U O C H U Y E Z M T L T O
T L N D P S A O P D I E M Y N
O Q B E S U U W F Y N L W C A
P E A L K A E P L O T I P A C
D K L E M O D F L A H A C P F
D A D T K A E P E L T S A C M
```

BORAH PEAK	FLAT TOP	MICA PEAK
BULL HILL	FOUR PEAKS	MOUNT BONA
CAPITOL PEAK	HALF DOME	MOUNT HAYES
CASTLE PEAK	KITT PEAK	MOUNT SAINT ELIAS
CINDER CONE	LIBERTY CAP	MOUNT ZION
DENALI	LIZARD HEAD	NOKHU CRAGS
DOYLE PEAK	MAUNA KEA	RABUN BALD

279 Madrid Metro Stations

```
S I Y M L I Y I Y B W U Z A L
A S W O I G I G L C A E K S T
I P H N S L H R B G W U T A R
C I I C T E U A D B O R J O T
I T O L A S B N D U N Y L R T
L B I O E I R V T E A O A O H
E E I A R A V I L N R Q N Y S
D T S L H I L A F O R T U N A
W R V T B X T R G S E P B R T
L A M O R A L E J A S O I T N
S T V R G E O U R I L F R P E
B O A L L A C Q S R I V T X V
O C O P V F L H G E R T K V I
R H B A A R E P O S V B P O Y
C A N A L O A T R Y X J Z A G
```

ATOCHA	GOYA	LISTA
BILBAO	GRAN VIA	MONCLOA
BUENOS AIRES	IGLESIA	OPERA
CALLAO	LA ELIPA	RETIRO
CANAL	LA FORTUNA	SERRANO
DELICIAS	LA GAVIA	TRIBUNAL
ESTRECHO	LA MORALEJA	VENTAS

280 Weather

```
I U O V E R C A S T A H E Q S
R M V L I V E D T S U D T A U
E H Z K A O A G S M H N A S I
D R O U G H T P I R F O M O B
N P B S O N E D O Y B I I F S
U D R A Z Z I L B R N T L S S
H R E O T T S N C I A A C R L
T P E L Y M I S T V S T E A F
R A Z T N Z O O I H T I I B R
R I E L E S O S F N G P I O O
K A S Z R M N L P S W I E S N
Z D M O N S O O N H R C L I T
P E E U G O F R W T E E L S O
O S X Y D P E N A C I R R U H
U T M X G L G Z Z B Z P E J S
```

ATMOSPHERE	EVAPORATION	LIGHTNING
BAROMETER	FLASH FLOOD	MONSOON
BLIZZARD	FOG	OVERCAST
BREEZE	FRONT	PRECIPITATION
CLIMATE	HUMIDITY	SLEET
DROUGHT	HURRICANE	SNOW
DUST DEVIL	ISOBARS	THUNDER

281 Bowling

```
Q P S T M S T G S R S A U U X
P A A P K P R U Y T A B M O W
K S E I A A I L O V R B K N U
A C D S B R R S K H V O I L V
E E L J K R E K I A S L K S F
G L K V C O P E N F R A M E D
L U B I A W E K G L J N W W R
R J T U R K E Y P Q E G R M A
B A W T O T L M I U I L V C Z
E Q D A E D S M N W Z E W O Z
F A E S W R O I I T A T N A U
C I V K L Q L T E U F V T I B
E P L S U H S S Q H H Y R S L
S I A U A T P S I P J A K X M
W R T H Z Q E P W T U T O A A
```

ANGLE	LOB	SPARROW
BUZZARD	OIL	STRIKE
DOUBLE	OPEN FRAME	STROKER
GRAB	RACK	TIMMY
GUTTER	SKID	TURKEY
KINGPIN	SLEEPER	WASHOUT
LINE	SPARE	WOMBAT

282 'Q' Words

```
H K E H X T T S I F L L N T P
U C R P Q U E R Y F A C F S E
R S N I K O C I C A J T V A S
H N V E U C N H U U R X X A O
Z N E E U Q I R U Q N S K E A
S O T L U Q U U R H O V T K Q
F B E I L U Q A Q F I L I U B
R S Z A R I R U L U T Q E J B
R C H U A B R E I I A S C U C
C L N Q S B O D V T T L A R A
O R K O H L K O A I O Y M P F
S N J U A E X C Y U U I I A L
G G L O R E T R A U Q Q U S A
R T R H R Z S I Q U A S H D J
F R J H A O N W R R Q R F N O
```

QUACK	QUASH	QUIET
QUADRILLE	QUEEN	QUINCE
QUAFF	QUENCH	QUIRK
QUAIL	QUERY	QUIT
QUALITY	QUEST	QUIVER
QUALM	QUIBBLE	QUIZ
QUARTER	QUICK	QUOTATION

283 Fireworks

```
N R L N I A T N U O F U P S V
S I O S X S B N D I A B O T E
E O L M P Y X T R L P J A H V
G L B P A A G E T R R V Q T I
A G K L Y N C A R Q O S U A S
R W E C A R C E M O R T A R O
R A B S A Z O A S I C A S O L
A H O C N R I T N H K K H W P
B R K Y A O C N E D I Y E E X
R E M M U H G F G C L P L T E
R K A A E R I A L S H E L L B
G N W O B N I A R A T N T J A
E I U Y A L P S I D R A I T N
C L S G T Z P H D R N E R C G
P B B A M B O O C A N N O N S
```

AERIAL SHELL	CRACKLE	HUMMER
AQUA SHELL	DISPLAY	MORTAR
BAMBOO CANNON	DRAGON'S EGG	PYROTECHNICS
BANGS	EXPLOSIVE	RAINBOW
BARRAGE	FIRECRACKER	ROCKET
BLAZING STAR	FLARE	ROMAN CANDLE
BLINKER	FOUNTAIN	SPACESHIP

284 World Airlines

```
R A O T R E S E M I R A T E S
M I S L O N G A M E R I C A N
O A A R Y L W Y U L Q R S A C
T I O F A M F J P A R N F W E
D R I Z L I P O P T J A P R T
P C L Q N U R I R N A M O E F
E A U G E W G C C E W I I G O
D N F I P T S N H N A B R A Q
C A T H A Y P A C I F I C P O
U D H A L N P P E T N A X Q T
A A A U S T R I A N H A A H E
F I N N A I R Z R O D N O C H
E A S Y J E T Y S C T R I T U
O F A I L A T I L A T L E D F
K I I O E O S P S C F P Q T S
```

AEROFLOT

AIR CANADA

AIR CHINA

AIR NAMIBIA

ALITALIA

AMERICAN

AUSTRIAN

CATHAY PACIFIC

CONDOR

CONTINENTAL

DELTA

EASYJET

EGYPTAIR

EMIRATES

FINNAIR

GULF AIR

LUFTHANSA

OLYMPIC

QANTAS

ROYAL NEPAL

SAS

285 Predators

```
I  C  I  P  A  U  K  S  T  A  E  R  G  H  T
K  T  H  U  M  A  N  C  F  L  O  W  D  E  R
V  O  A  E  I  F  T  I  G  E  R  B  S  O  E
P  X  M  C  E  L  G  A  E  Y  P  R  A  H  G
F  H  O  O  G  T  E  M  A  N  D  R  I  L  L
L  I  V  E  D  N  A  I  N  A  M  S  A  T  V
Q  R  W  S  E  O  I  H  J  A  E  Y  Z  A  O
Z  T  P  D  C  J  D  H  N  T  Y  K  C  C  S
T  O  L  E  C  O  U  R  S  A  X  W  L  B  A
C  O  M  M  O  N  B  O  A  I  M  L  F  O  C
G  B  S  T  O  K  P  E  Y  G  F  I  S  B  H
T  E  J  R  E  P  I  V  N  O  O  B  A  G  R
S  O  E  T  W  O  L  V  E  R  I  N  E  C  Q
H  B  R  O  W  N  B  E  A  R  E  D  F  O  X
J  E  T  O  Y  O  C  G  T  A  L  Y  F  Q  J
```

BOBCAT	FISHING CAT	MANDRILL
BROWN BEAR	GABOON VIPER	OCELOT
CAIMAN	GOLDEN EAGLE	RED FOX
CHEETAH	GREAT SKUA	RED WOLF
COMMON BOA	HARPY EAGLE	TASMANIAN DEVIL
COYOTE	HUMAN	TIGER
DOG	KOMODO DRAGON	WOLVERINE

286 Paralympic Sports

```
C U R L I N G O A L B A L L Y
G N I T O O H S T T V I T A B
G N I C N E F W H R O W I N G
P A I R S U S I L E L A E Q U
O T B L R C F M E K L R B X R
W E A A C O O M T P E C H I T
E F Q B S Y A I I I Y H F M A
R I M U L K C N C I B E P G C
L S X I E E E G S R A R B O L
I L M R M S T T N U L Y O L L
F S X C K J T E B I L T C X O
T P E I U S J R N A L P C V R
I U I D T Q G I I N L I I W F
N N O L H T A I B A I L A B T
G N I D R A O B W O N S X S M
```

ALPINE SKIING	CYCLING	RUGBY
ARCHERY	EQUESTRIAN	SAILING
ATHLETICS	FENCING	SHOOTING
BASKETBALL	GOALBALL	SNOWBOARDING
BIATHLON	JUDO	SWIMMING
BOCCIA	POWERLIFTING	TABLE TENNIS
CURLING	ROWING	VOLLEYBALL

287 Trees

```
W O X Y O J S E I R U R T P X
W T R W R R E D L E S I H I B
Q P I A S S L C Y P R E S S I
R M F U D A M N R I A A A T R
R W Z A E E I U R N E M W A C
L A U P S I C V E U B E E C H
W D F Z R E A L H J C K R H W
B G T E G P K R C R A H A I Y
E P R A L H Y I L S G S L O Y
P R V I L F W Q T U S L P N K
S A Y J K L K R M N O A O E Y
A L B R W R T D P W L B P E N
L Y Z R R G N R M E I O L Q
S L F E F K T W X P N U A A X
I V S F H A B O A E N S F I G
```

ASH	EBONY	OAK
ASPEN	ELDER	PALM
BEECH	ELM	PINE
BIRCH	FIG	PISTACHIO
CEDAR	FIR	POPLAR
CHERRY	JUNIPER	SPRUCE
CYPRESS	MAPLE	WILLOW

288 Muscles

```
P  S  S  T  A  K  N  O  M  O  H  Y  O  I  D
S  I  L  A  R  O  P  M  E  T  N  S  M  R  P
T  R  A  N  S  V  E  R  S  U  S  Z  R  A  I
I  O  T  U  P  U  C  I  L  I  A  R  Y  T  Q
B  S  S  A  R  E  S  I  L  A  T  N  O  R  F
I  U  O  U  M  I  C  S  R  G  S  J  M  I  R
C  I  C  Y  I  A  C  Y  O  T  W  A  P  C  A
E  R  R  C  P  R  T  U  A  L  S  S  Q  E  Y
P  O  E  I  I  E  O  P  L  S  G  A  L  P  O
S  S  T  F  N  N  E  T  E  A  T  O  G  S  R
E  I  N  O  N  D  A  T  R  T  R  I  Y  I  C
S  R  I  Z  I  O  E  T  A  A  O  E  N  H  D
A  D  V  U  L  R  U  D  O  L  S  P  S  G  Y
N  A  S  A  L  I  S  S  U  R  E  C  O  R  P
U  F  N  X  S  I  L  A  T  N  E  M  Z  N  J
```

ARYTENOID	FRONTALIS	PROCERUS
AURICULARES	HYOGLOSSUS	RISORIUS
BICEPS	INTERCOSTAL	SARTORIUS
BUCCINATOR	MASSETER	STAPEDIUS
CAPITIS	MENTALIS	TEMPORALIS
CILIARY	NASALIS	TRANSVERSUS
DIGASTRIC	OMOHYOID	TRICEPS

289 Miss Saigon

```
E C N A D E H T H E D E A L P
I H P E I J O H N T H O M A S
K R H W Z L H Y B Z P W P Y C
K I S T I L L B E L I E V E H
T S M U S I C A L L R P E L O
A S D A N B R O A D W A Y I N
P C P N T A F S R T U P O L B
G O V I E T N A M W A R H B E
J T V A D T G D E V S P T U R
R T Z E H O S R M A Y B E O G
N O X U N G S E I O D I U B W
T P Y S J C Y H W D O G Y H W
S S B L T H E E N G I N E E R
E C N A M O R D E M O O D A W
S A W Y I W M S S Q M L U A Z
```

BOUBLIL

BROADWAY

BUI DOI

CHRIS SCOTT

DOOMED ROMANCE

I STILL BELIEVE

JOHN THOMAS

KIM

MAYBE

MUSICAL

PAPER DRAGONS

SCHONBERG

SUN AND MOON

TAM

THE DANCE

THE DEAL

THE ENGINEER

THUY

VIETNAM WAR

WEST END

WHY GOD WHY?

290 The Eye

```
C  P  L  C  I  L  I  A  R  Y  B  O  D  Y  E
I  P  U  A  A  Z  O  N  U  L  E  S  K  E  Y
L  R  R  P  V  O  P  T  I  C  N  E  R  V  E
I  S  I  A  I  L  R  E  L  Y  X  R  E  I  L
A  Y  M  S  T  L  D  R  Y  X  A  Q  T  S  I
R  Y  M  A  C  F  I  I  B  U  E  Z  I  U  D
Y  A  I  M  N  A  T  O  O  O  N  I  N  A  Z
M  M  A  A  U  R  R  R  I  R  R  L  A  L  C
U  Y  L  C  J  E  Q  C  C  S  O  K  T  A  L
S  P  K  U  N  L  R  H  O  R  C  H  J  X  X
C  G  K  L  O  C  T  A  N  X  G  I  C  I  P
L  A  N  A  C  S  M  M  E  L  H  C  S  S  I
E  A  X  P  A  X  N  B  S  V  H  A  S  Q  K
C  T  E  K  C  O  S  E  Y  E  O  I  E  L  Z
A  C  P  I  S  D  O  R  L  P  I  F  R  O  Q
```

ANTERIOR CHAMBER	EYE SOCKET	PUPIL
CHOROID	EYELID	RETINA
CILIARY BODY	FOVEA	RODS
CILIARY MUSCLE	IRIS	SCHLEMM'S CANAL
CONES	LENS	SCLERA
CONJUNCTIVA	MACULA	VISUAL AXIS
CORNEA	OPTIC NERVE	ZONULES

291 On the Butcher's Counter

```
A Q L A P I A F A S X O Y N E
I B C A Z T T I P O R K E R S
I J P P S O P H E A S A N T P
O P Y G P S G T N S A E D A O
E F E Q U A I L U R P T I E U
K K S B M U L M J R R S K G L
R S U M R S R U N T K T B D T
G P O A K A E T S E Y E B I R
T N R L I G V T I K L L Y R Y
R F G Q E E I O R S I L J T P
W R S M O S L N J I O I O R G
T X B E E F A O D R P F D A M
V W J D C S F C U B P E M P E
Q T C S O A N A Y S X E C Y G
P F S I V K R B L K C A S V S
```

BACON	KIDNEY	PORK
BEEF	LAMB	POULTRY
BRISKET	LIVER	QUAIL
FILLET STEAK	MUTTON	RIB-EYE STEAK
GAME	OFFAL	SAUSAGES
GAMMON	PARTRIDGE	TRIPE
GROUSE	PHEASANT	TURKEY

292 Musicals

```
H T O M T P O I U O P N U D T
A A S P E C T S O F L O V E Y
O V I R E A B U D D Y G W K D
U I E R E C N E J K D I W C A
N V R N S H N D C C R A I I L
C A T S U P T O M A A S E W R
R F T C R E R O Z Y U S S I I
J O R S S L Q A R R G S A Q A
W R R R L L F T Y B Y I E S F
L E T I T B E C D A D M R N Y
E V W Y C H I C A G O O G L M
R E V I L O Q P R R B Q O L V
W R G N I K N O I L E H T L D
K J B N O T L I M A H N L M B
O L N I R X F Z E Z T Y T T T
```

ASPECTS OF LOVE	HAIRSPRAY	ONCE
AVENUE Q	HAMILTON	RENT
BLOOD BROTHERS	LET IT BE	THE BODYGUARD
BUDDY	ME AND MY GIRL	THE LION KING
CATS	MISS SAIGON	VIVA FOREVER
CHICAGO	MY FAIR LADY	WE WILL ROCK YOU
GREASE	OLIVER	WICKED

293 UNESCO World Heritage Sites

```
U E E I E D R E V A S E M E
U H C C I P U H C A M T R O N
L L T K D T S X S L V O E A O
A P A P A L M Y R A E N C L T
K I E G I K F X T H A E I A S
E L L T R Y A I O A S H T N W
M Z P I R A C D F M T E Y A O
A N E I S A N A U J E N O C L
L N O Y N A C D N A R G F U L
A B Y C T P R T E T I E V A E
W Z I X S R N B S P S G E E Y
I T F R A S E R I S L A N D E
Y M O U N T W U Y I A A I I S
R O B B E N I S L A N D C R W
S E D A L G R E V E D T E E Z
```

BRASILIA	LA GRANDE-PLACE	RIDEAU CANAL
CITY OF VENICE	LAKE MALAWI	ROBBEN ISLAND
EASTER ISLAND	MACHU PICCHU	SIENA
EVERGLADES	MESA VERDE	STONEHENGE
FRASER ISLAND	MOUNT WUYI	TAJ MAHAL
GRAND CANYON	PALMYRA	VATICAN CITY
KAKADU	PETRA	YELLOWSTONE

294 At the Dentist

```
N F Y X A D R X E O O A F T S
C Q L Z Z R U E R O S I O N B
W S O O D S E U Q A L P N R D
S M E S S H E O D L Y O K G A
J L Z D M S I T I V I G N I G
U Q W M I U E N I E N A M E L
N M H O I R G C R S T A X P Y
Z S I U N B O O S Y O T W K T
P U T T J H O U U B R P G T I
Q L E H E T U L L A A K M I V
L U N W C O E O C F M H H O A
H C I A T O O T H P A S T E C
L L N S I T I N U S G M E P I
E A G H O O K I M Z Q Q E I A
L C F N N E B C I R P T T S S
```

ABSCESS	FILLING	PLAQUE
CALCULUS	FLOSS	ROOT CANAL
CAVITY	FLUORIDE	TEETH
COMPOSITES	GINGIVITIS	TOOTHBRUSH
ENAMEL	GUMS	TOOTHPASTE
EROSION	INJECTION	WHITENING
EXTRACTION	MOUTHWASH	X-RAY

295 At a Restaurant

```
I O R Y V M N E L V U I I H C
Y Q E L T A S T I N G M E N U
L I D E S S E R T I A W T K E
O Y R P I O R A W Q P A R O V
A J O R L T V E A Q E I A V A
M X R I E S I S M Y R T C E W
L A V R N S C P L O I E A E U
I E N E I O E H S A T R L F S
S T A A W M C R E T I S A F Z
U C O L G M H O V F F C U O L
U P J D T E A U K A N R E C Q
I S D I T L R Z Z T T C L P A
X A A R A I G T S K N I R D S
K W B P V E E D O O F D O O G
I Z C F S R E T R A T S A N I
```

A LA CARTE

APERITIF

CHEF

COFFEE

CUSTOMERS

DESSERT

DRINKS

GOOD FOOD

MANAGER

OLIVES

ORDER

RESERVATION

SERVICE CHARGE

SOMMELIER

SPECIALS

STARTERS

TASTING MENU

TIPS

WAITER

WAITRESS

WINE LIST

296 New York City Subway

```
C O U R T S Q U A R E R K D O
R L E L I T S N R U T S R P A
B A E X S O O I X Q E T F P H
N N S P N U R H J U L A A T A
Z I A Y A O J E F E R T B M M
S M R T R M R S G E B I D E R
Q R T A T R Y B E N T O I T O
F E W I D A E A E S E N V R F
L T O J I A H F W H A S I O T
I O R B P D J N H B T S S C A
O K K E A R A U A T U A I A L
L E C S R E R D F M U S O R P
R N A L A D I V I S I O N D P
E C R V M G T R O U T E S R S
E Q T M N Y L K O O R B D R K
```

A DIVISION

ARTWORK

B DIVISION

BROOKLYN

COURT SQUARE

FARE

MANHATTAN

METROCARD

PASSENGER

PLATFORM

QUEENS

RAPID TRANSIT

ROUTES

SOUTH FERRY

STATIONS

SUBWAY MAP

TERMINAL

THE BRONX

TOKEN

TRACK

TURNSTILE

297 Wrestling

```
V K U A J F S Z J U M A E T A
L I R O U R E N F O R C E R M
Y C A B M P A U U D B C F P T
J K G J P L O T D L A B M T Q
N O N S S A H W S R P R E T I
I U S G H P S C D H S A R R Q
D T H G I E W D A E D L Y M S
S G T E P W A R D L R X Y A O
P K C A J R E B M U L I P O Q
L E Z B K S A N D B A G N O E
M A R K T E C A F Y B A B G E
G N P H D P D C X B P C K S S
R G O Q O B R O A D W A Y P R
U L P B S L G I W T C L Q J O
D E V I S Q T A R N E P L J U
```

A-TEAM	DRAW	MARK
ANGLE	ENFORCER	MOUTHPIECE
BABYFACE	FEUD	POP
BROADWAY	JOBBER	POWDERING
CALL	JUMP SHIP	REST HOLD
CARD	KICK-OUT	SANDBAG
DEAD WEIGHT	LUMBERJACK	TAKE DOWN

298 Science Fiction Writers

```
P T L I B R D N Q G F Y E E S
S A F T L U A Z B Y Y U Q U L
S R L U C A S N X L E U O E S
A V Y V G N I K A A L E R P T
Q Q E R M I M T C M L L W Q R
F H E R F T O L K I E N E P E
O C U K N Y V R J G H D L T B
T S T L Y E L X U H S S L P R
S P E R R Y L I A A F I U A E
M W S A G A N E D R A B B U H
I D L L E A S A C T R U A T T
X I K G L K P M L K I T U A C
U S T G G E P T A E I L P Y I
W R G U K C W V G D D E R O G
S V J V O L T P C L A R K E S
```

ADAMS	HUBBARD	PERRY
ASIMOV	HUXLEY	RUSS
BUTLER	KING	SAGAN
CLARKE	LE GUIN	SHELLEY
DELANY	LECKIE	TOLKIEN
HALDEMAN	LUCAS	VERNE
HERBERT	ORWELL	WELLS

299 Marine Biology

```
G D E P O S I T F E E D E R D
S S G L H O C E A N S A G H E
P Y N P L A N K T O N Q V N T
Y R A O P O H Q F Z Z U D A R
S E H A I A T D I C X A I T I
Y S C N B T I A S I N R V C T
A T E I Y A A T H G R I E R U
S U T P T U H V E A E U R Q S
N A A O I T S R R L E M S L E
T R M L F P E W I E F R I L A
E Y I D W H G E P S M T A W
P D L Z W S N Y S I R N Y R E
S E C O L O G Y T P X N O O E
C E N V I R O N M E N T U C D
D M B E I J X V O B S T A A G
```

AQUARIUM

ATOLL

CLIMATE CHANGE

CONSERVATION

CORAL

DEPOSIT FEEDER

DETRITUS

DIATOM

DIVERSITY

ECOLOGY

ENDANGERED

ENVIRONMENT

EPIPELAGIC ZONE

EPIPHYTE

ESTUARY

FISHERIES

HABITAT

OCEANS

PLANKTON

REEFS

SEAWEED

300 Sandwich Fillings

```
A F E E B R U Z Y K D U R M R
A D D S I P P A L T W A N F G
E A U R S S E K O H C I T R A
M A Y O N N A I S E P P N X H
O C K L G A N U Y O L I O T P
R E B M U C U C S E J C M U L
A X T A Y C T Y T A F K L A F
Y R O J O H B T R Y G L A S S
P R O S C I U T T O E E S Q T
E I I A T C T S E D A K I L S
T F O L E K T O P T G R R R R
S M G A T E E O M M O Y C U B
H J J M A N R G Q A Y F D D T
I H B I S K M R G H T C S U D
U Y S Z Z T P I R L A O P T C
```

ARTICHOKE	GOUDA	PROSCIUTTO
BEEF	HAM	PULLED PORK
BRIE	JAM	SALAMI
CHICKEN	LETTUCE	SALMON
CUCUMBER	MAYONNAISE	SAUSAGE
EDAM	PEANUT BUTTER	TOMATO
EGG	PICKLE	TURKEY

SOLUTIONS

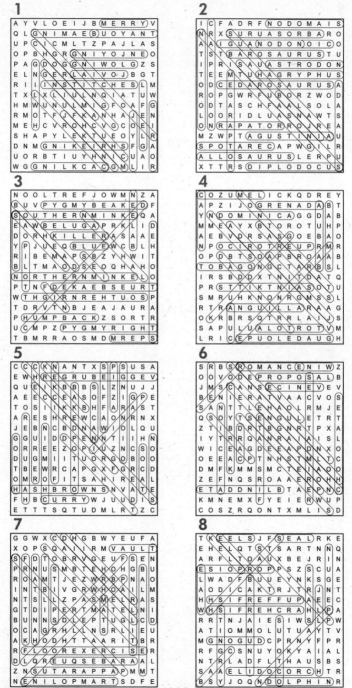

305

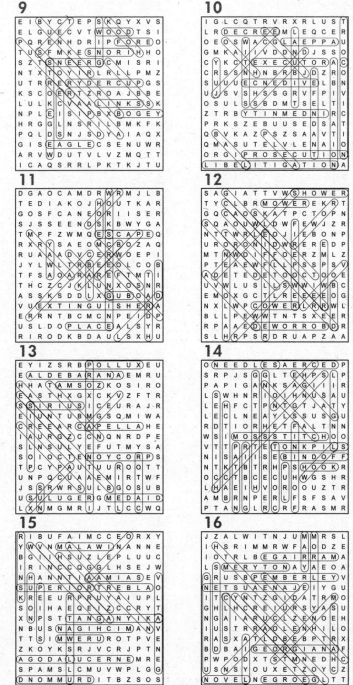

17

```
Z Y F U P N Q S B R O T H E R
Z I X F C F Q M P B E U L A G
U O G E N O S P E T S T A U E
R G R R F I T T N B E G S E N
K G A E A S N O A W F C Y I E
O T N T M N A N A A I H E T S
O U D H I O D U Q L W I O I O
R T S G L I N P U N P L D C N
N N O U Y T E N A I T D C A N
E E N A T A C N R R R P U L
R U P D R L S T Y E E E J S E
K Q A H E E T T H H N Q I S
R D O B E R D R M T U T T N T
D A S T O W Z R K O J T A S R
D G K K S C X L R M S U R F K
```

18

```
G B A Q U R B E R N P T O Y J
E N S T H G I L H G I H A D E
O S I A R O M A T H E R A P Y
G C I D B I A R O Y T C N M S
S E H S A L E Y X E S L A F H
E L L Q Y E O B Z P R T T M W
M A U M L R W L O E J Y A P
P I A I A X O O D R S O A S E
H C R L W N W R T R T P R S D
C A W T F B I L T V Y H P A I
U F I A D R O C I C L M S G C
O N S L X R U T U G E T S E U
T T U C R I A H O R H L S O R
E S N O I S N E T X E T E T E
R R G N P I F G B O P P S A A
```

19

```
G N S M Q E C N O T T U B B A
H I G H C A R D C G P A E R G
P S C R I V E R U E D F A E X
P R U E S C P R S B L I N D S
F U L L H O U S E T N J T A I
L N R A F F C A S H G A M E M
O N S E P L T U E G K M K L X
P E D D R I A P T E K C O P I
E R C N A A R Y P V L R E I G
J W O T I M I C N C G N H B
A H L Z S L I A T R F L C C C
I P U S E T F O L D S A J U
R P Y L R P E A D J N T R Y X
S T A D R Z Z B D L P S R E A
M U L R T A K A S J L T J X I
```

20

```
D P D O R R C F W R P W S F G
A L I R X C R V W I X Q E A X
Q O Y V A O Q L A S P A S Z O
W P H T R A E H C A R T V L T
I Y T S P L E E N S O B O B H
R T U I A E Y I M M V X R J
U C O D R E D D A L B L L A G
M Y M N U R C A L F R G I E
Z E Q I G F H C K I W R B N S
S R D G N U L C N I R E L P A
W G W F O R E H E A D G P D
U T S L S I I E U D P N V T V
O L R G I P H E Q L E I E L I
E T A H O Y S K I N S F R Y P
O B X N S A T L G I M P J R D
```

21

```
Z U Z P E J A Q P I E N S I M
P R S S O B A Q S I U P L R P
A Q T Y I T P N L Q N I S T T
T E E M W I R Q R T K S Q Y O
S A A D L U C K L A W M Z A Z
T Y C H N A Z E O D E I R L S
I U H H A A L I P Q R L P P P
X T E R A L T D N Y S E J R V
F L S Z R N L S E C Q A A O F
P S O P P X G D R E L Y X M V
M F L A C H I E V E C U A I T
U P R L E I I A W R D C D S A
J W T C E C C O N T I N U E U
A R E D Q S R E A D W H U S E
A B D K P K U Q R X T T A U O
```

22

```
S H Y A L B A T R O S S S A C
Z A W F I L S T R S H I K R A
D M H O A U Y E E P X A S N P
R E I X U E C R V O P O A R E
A R T K Q C O G O X P C B L G
T K E E N R M E L W A O L L A
S O S S I A B Y P J R M U I N
U P T T U N D T I A T L O B E
B P O R Q E U A A T L O B E E
T D R E E S C L I O A N U O T
A S K L L I K S T B W L S H O
E G D I R T R A P E N O T S S
R A P F A L G P Y B R O A D H
G B A T H A W K G A Z N R A T
L P U R P L E H E R O N D G I
```

23

```
N A R A P A H O F G T O S K X
T A L M S L P I S G A H D G P
A N P O A H C S L B E R S E U
Y A T U C W L T B I G H O R N
N N S N O I E E S E L E G N A
Q T E T V A H P Y N J R S O L
T A T H E M N C P V N O T S I
L H U O G J E G A I R R J R G
S A H O M E L T E L H T A A E
U L C D S B L B F L A C P C I
S A S E O R I L A E I P N E R
E D E L T A V G A A U N A Y O
Q U D L U C L T B A B I A K S
U F C H E R O K E E P S N A R
H T K N L O C N I L E C T X L
```

24

```
K J R E L L A B E R I F H R A
C Q Y T B R E T T I H L L U P
O E P T B A N J O H I T T E R
L F N I K Y L B A T T E R Y R
C I U R N R T K R A T F R C L
H D R E H C T I P R E W O P A
C S D B W L H U H C P R F S B
T C N M S N K H X E N R S L D
I R A U N P A G I E S I X T E
P E T N E V A S R T S A Q P S
O W I C S M U M T T T R B O S
P B H I E Y A L P L A E P P A
K A E G D N O M A I D U R H P
Y L Y A L P T C A T N O C X N
I L T M A E T M R A F M T Y E
```

25

```
B H R F F S K G G M Q D S S S
K O O C W O U R D N F N W A Q
B U A O L A R G E B I L L E D
E S N L D R K I K S S P T E S
L E A L I E I C C Z H T I W Q
T R I A P E S E M J A H P Q
T O R R E S I A N E E A M N F
I L A E R N N J E S W G T J P
L F M D A A A T A Q L U K I
S A E L A M E R I C A N M Y S
R S O R A J C I H R G D S M J
P A L I R L A T W L R U A R A
T T C T U N R D E I P A L M U
N A B U C V Q O A E P A C P U
N E W P T P A E U L Z M S T E
```

26

```
B S S R D E I W E T S P A H C
Y O N C E B I T T E N P T M X
I G R O N K O W S B E E S O B
G E R M A N G U Y A B T T O A
O I T A K E A L E T T E R B K
J A I D N I O T D A O R O A I
U N A F H O T S H O T S A D N
N A T U R K E Y G U Y S R P A
G P I L F E H T H C T I W S B
L P Y U G R E M R A F S R I A
E A Y L L S E V I L H T A E D
L D O P T S E V R A H E U L B
A U O S G N I K E E R H T J
V Y U G N A R E T E V P E X W
E S O W A R R E T E P A E T U
```

27

```
B I G G E R L A R R O S E V P
E O T E L T S I M E L B V B M
A H X D C X S L L P R K E R O
U E J D F N Z A F E I T I H O
T P Y R F R A E S X G Z L N A
I E L A D B L D H A H T E R S
F M T O R E A U T C T B W C
U E C B U P L B P S I R O L F
A O P E M P F H E N T Q K I
X L O V E Y O U R S E L F V E
G D A O R I G H T H E R E C N
U C K X B K B O Y F R I E N D
T T P C O M P A N Y Y R R O S
P L R M Y W O R L D S U O I U
```

28

```
H V T N O I T U L L O P S W R
S L Z O U A S T E E H S E C I
S B U Z Z P H O T O C E L L S
N I R E W O P R A L O S S I R
I O F O W I N D P O W E R M A
A S E S L L E C L E U F A T C
R P L F O S S I L F U E L T C
D H C T E M P E R A T U R E I
I E Y B I O M A S S Y A H C R
C R C R E N E W A B L E S H T
A E R L E L C Y C N O B R A C
T N E I C I F F E Y G R E N E
A U T A L A M R E H T O E G L
H C A R B O N D I O X I D E E
U K W T U G N I L C Y C E R Z
```

29

```
W A D E R S A N D A L S T X A
P S T I L E T T O S K R N F T
T P S L E E H H G I H E O S C
E O H S M R O F T A L P K S T
N L B L T D U T V R S P D C R
N F R O S O E Z K G I A E E
I P O A N N R I K O L A W V
S I G F H E I B B P L S L T A
S L U E W L O S E Y C H G R S
H F E R M O P H A L S P D A O
O L S T T L P S C K H O I P
E O H S T R U O C Z C N O N T
S E H C A R A U H F Z O A E
R E I E C T A R D R I A M R S
R O S E H S O L A G B Y J S V
```

30

```
Q O H S J M N F A L O H P Z P
U L A A K M U I N O M R A H C
J K I X V X Y H T C Z A L C
S I F O W S T E N A T S A C V
T T E P M U R T A O N T L E J
D R O H C I S P R A H F T X L
E A A O O B A G P I P E S R
I T O N A L V R B X W O U N E
T I K E Y B O A R D F V A E B
M U K I Z Z S C E L E S T A F
T G A T L S H O C Y M B A L S
P I A N O V I O L I N V U O M
M O B O E A M K Z L P T T I U
V Z N L L P W Q J J E B P V R
F B S V I U F A C Z S C X T D
```

31

```
M E D I U M E D O M A Y Y C P
U M X K R U A E K R K Q U C E
S A A P R C M I B V L J H A N
E R U R K I M S O C O R C I M
U O M W G D M X R A I S P Y M
M J M E M O R A N D U M S A E
I R A M T M N T G A O T Y Y C
N A E U V A Y O X N I H M M H
I M B T A L B S M C E W A A A
M W N N S S T O I M E S X G N
T S O E Z G U S L E T L I N I
A S O M E S M E R I S M M U S
Z A M O R M O O R H S U M M M
S F P M M R O W L A E M B U R
O E R N A X U A T A N M T T D
```

32

```
W L I E E J W R N P A X U R S
D U T Z T H R I F S T E V F P
A R I S T O T L E L M E Q E I
S M A B T A U L K L U L L I N
S E T A X C O S C I A P L I O
C K B E G A P X O M B C E T Z
S U N B S E N T L Y S T S K A
W D L S O D B O D A S R S A X
T S L C V H T R N N U K U N P
H S E T R A C S E D N U R T L
Y U I T A A C G R I P R O J T
Z M M C O O T O T I K D D E P
C A H E M T B X R A M J T R R
R C F B I N O T A L P M U I V
N T E W L U O R S L R J P R O
```

308

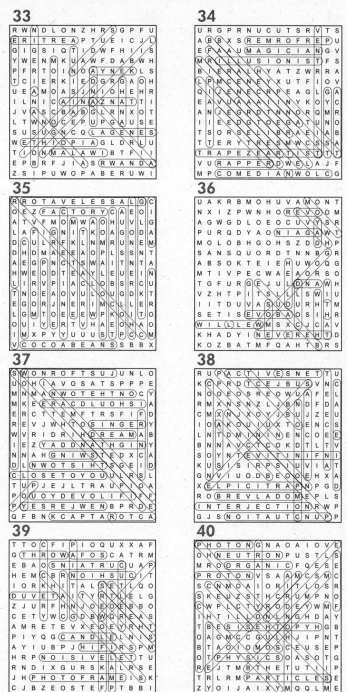

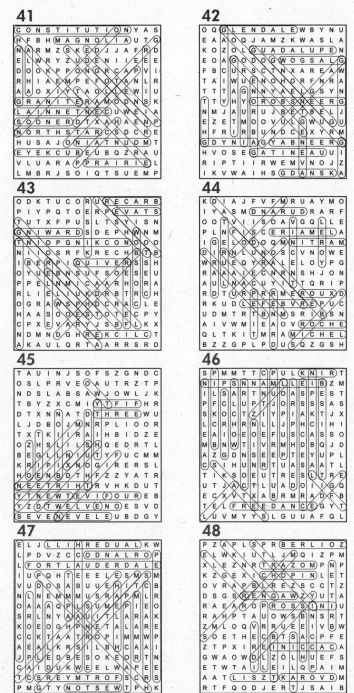

310

49

50

51

52

53

54

55

56

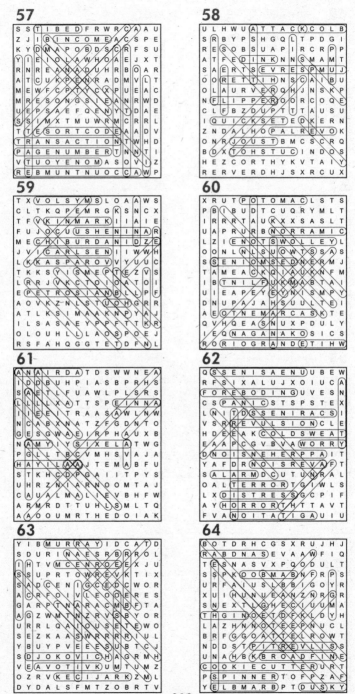

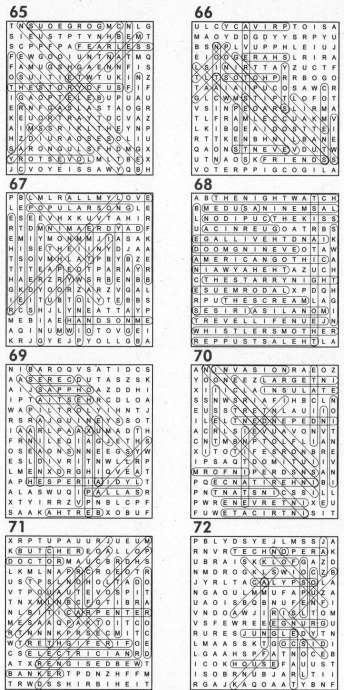

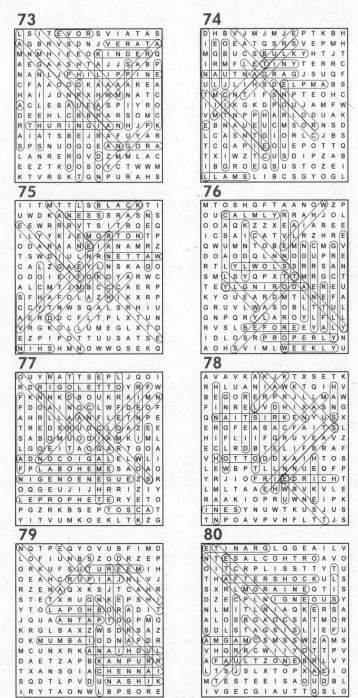

314

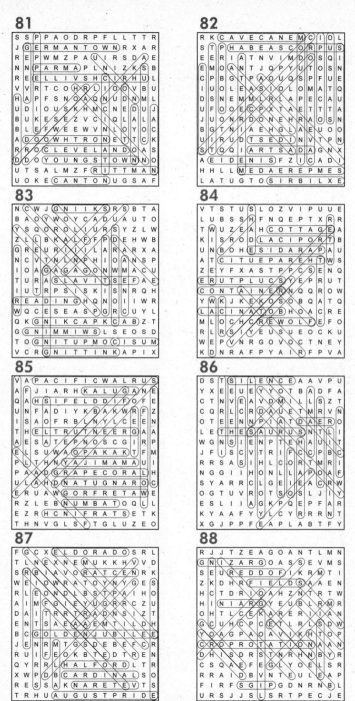

315

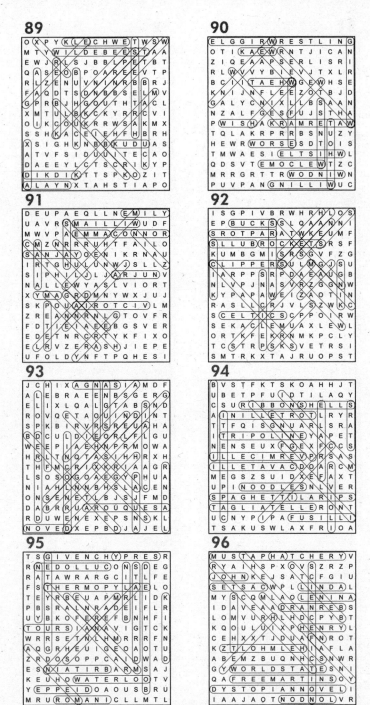

316

97

```
W U H A D U P S G G J U W M I
L R V T E R U T A N N A M U H
U O Y H T I W K C O R U M C B
D A N G E R O U S E P W W H T
B A Q B L A C K O R W H I T E
I E B S H H L R E T S N O M
L W H O I S I T L H T Y A O H
L A N I M I R C H T O O M S M
I Y X E M O T N I E V I G O Z
E A R T H S O N G B W M S O T
J O F F T H E W A L L O C N A
E O S B N T H R I L L E R A Y
A A I T H I S I S I T T E L P
N B P E P H O L D M Y H A N D
V G C H I C A G O D T U M K U
```

98

```
H A R D H A N D D S W M I S K
O S R A F A T K P U T I H N R
L R U C E G D L U L O A P L X
E T E P U T I I P O D M N D I
C M S S S T I F F Y C B O D M
A B A L A N C E D C O U N T V
R I J G A B P A A Z B S A H Y
D N N R H E T I R L V T T I S
R Z O S J C E S E D D Y U R K
A S P O U T D R T P C R D Z
C A K F Y R O I L I S A A B X
P R G T A W A G P U F M L A S
U W Y E N O M N E V E O H S A
D P C E N Z O L C A U M W E O
L A S U R R E N D E R P F K K
```

99

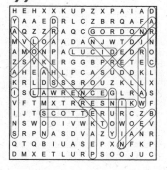

```
H E H X X K U P Z X P A I A D
Y A A E D R L C Z B R Q A F A
A Q Z Z R A Q C G O R D O N R
M V L O A A D A N J W T D I N
A M O N P A L U C I D E D R O
Z S V K E R G G B P R E T E C
A H E A H L P C A S U D D K L
K R L D S S R O U Z K L L X
I S L A W R E N C E G L R A S
V F T M X T R E S N I K W F
I J T S C O T T E R U R C Z B
N S W O O I V W K T O W O E V
S R P N A S D V A Z Y I A N R
Q T Q B I U A S E P X N F K P
D M X E T L U R P S O O J U C
```

100

```
S C O S M I C R A Y S W F T O
S M L T P S T E K C O R U V A
E S I K L A W E C A P S E L V
N S E S P A C E S U I T I A O
S R H N S T N E M I R E P X E
S E P U K I D E S I C R E X E
E G R R T C O Y R T N E E R L
L N A N C T I N S E A X K Y B
T A D A K V L S S P Z T A T P
H D I S O R I E N T A T I O N
G N A V I G A T I O N E S O K
I Y T I C O L E V I L I S O C N
E M I C R O G R A V I T Y R I
W D O C K I N G W E C R O F G
K G N I N I A R T R A H S M S
```

101

```
K E S L M K Q N P H L S I S D
M C T O I Y L S H E P E P N O
B N T A T D P A N A E U A F H
A E G D I R B A S R G G Y J D
S I Z M S M P L N T L K O Z L
N T A I S I Y O A S C N G I O
P A E A Q E S M K C T A E J R
N P P U U D C M E K G R B Z
W E E O B P E A V U R J I D E
J T E N L D A E P O R D A B E
R O N R S E V E N S W N T C O
T L V J H U O E V H J O I A K
B E E L H C O N I P U L G U
A B J R Z E U S E N I N O O F
T U K N L S T E C A N A S T A
```

102

```
P E P E P O C O L L E H T O Z R P
P S N A S Y O U L I K E I T P
E Y O Y T R E V E F Y A H E P
S A I N T J O A N R Z E T I N
U D L A H A M L E T C E L L D
E Y A V E R A P R R R P D U N
D P M E R Z N J U P H K P J O
A P G L I N T C A R P L M D P
M A Y C V K I N G L E A R N F
A H P N A B G E A N C P P A K
F S M U L X O U T B A O U O O
Z S Q E S Y N Y E E R S Z E W
Q R A U A T E T F R T O P M S
T V Y R N E H B E N O P L O V
R P J U L I U S C A E S A R S
```

103

104

105

106

107

108

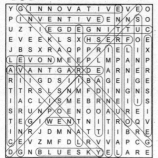

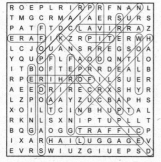

115

116

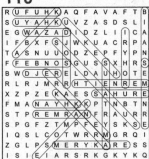

117

118

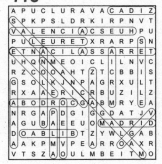

119

120

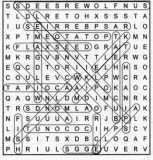

121

122

123

124

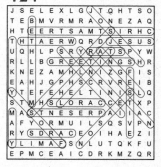

125

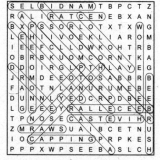

126

127

128

129

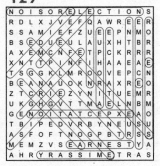

130

131

132

322

133

```
L E N S H U T T E R S P E E D
R N D P E T L A R E M A C S E
N R A O I T A R T C E P S A P
M R E R M O O Z P L U E O E T
I E D T K T R I P O D R S L H
C A U R L H S A L F J T X E O
R O R A P I B R T J P U R R F
Y B N I I F E U W M R R E F
G N I T E K C A R B C E F L I
J R U T R D I F F U S E R B E
Z R U A H A E P A C S D N A L
F A A O E F S E S U C O F C D
W A G D I G I T A L L Y P A T
Y A T S P T M L A S M S B X F
B S X A D H K T M X U P S W E
```

134

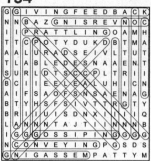

```
G G I V I N G F E E D B A C K
N N B A Z G N I S R E V N O C
I I P R A T T L I N G O A M H
T C P O T Y D U K D B T M A
A A L U R A D S E I V L T U T
T L A B L E D E S N A A E N T
S U R L D T S C C P L T R I I
B C I I E E L E A L U H I C N
A I F S A O F S N S A E N A C
B T Y H S F S I V T T R G T Y
B R I I U I S D N X I I I I Q
L A N N N T A J T I N N N S G
I G G O S S I P I N G P S D S
N C O N V E Y I N G P G S D S
G N I G A S S E M P A T T Y M
```

135

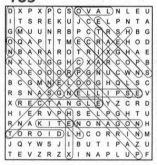

```
D X P X P C S O V A L N L E U
I T S R E K U J C E L P N T A
G M U U N R B P C T R S H B G
O Q A P T T M E C R A E H O D
N B A R A R O T R I X G H A E
N X L U G G H C X A R C O P B
R O E O O O R P G N U C W N S
B C G M N E L O O G H Q L S C
R S N A S G N E L L I P S E E
X R E C T A N G L E Y Z C R D
H I E R V P H S E L P G H T U
R N A K I T E N O N A G O N H
T O R O I D L H C O R R I N M
J Q Y W S J I B U T I P A Z U
T E V Z R Z X I N A P L U P F
```

136

```
W T J U N E A U H E S I O B J
A U G U S T A T J U I A Z D C
F K A K L V R R E N L N L R I
F T E A I L P O F F O O B E A
P P N P M B Z S F A P S D R M
Y T S O O L N A E K A K O Q Y
A S U U N T A C R R N C V E V
R P B L T I S R S Q N A E A P
P O M U G A H A O A A J R P I
H T U L O G V M N U N S T F V
O E L O M U I E C R O T A V T
E C O N E A L N I X E T A B R
N K C O R E L T T I L B P F Y
I E S H Y O E O Y J T S A Q E
X Q B O S T O N L O C N I L O
```

137

```
E R B I L A B U C O T N L E N
N I L E R C S Z X T K R S A I
A T U B I O E O O T M S I R Y
C R E R N S S M M O V S N T J
I E H A I M C B J I S S G H I
R N A M L O Q I A U M N A Q I
R W W B L P T E R R A P U N
U O A L E O H E A S F K O A H
H D I E B L T V E S P E R K T
Y N I Z Z I F S K C U B E E T
S U L B H T X F I P E I S Q A
R S P W B A C A R D I T L E H
T A Z T I N I T R A M E I J N
A S R K U C A I P I R I N H A
L A A V R A O E S U I R G S M
```

138

```
E P E R C E Q T T U R R D P L
T E U R G O U L E F Y A E R E
T P H E N G A P M A H C H I A
E N E A F B T P N O R A C A M
U C N L E C R A Y J A F O P R
G C I P L N E I Y M T E I S Q
A R E S F I Q N E G A O R Q W
B O L V F T U P I B T G B G K
D I E S U A A E H V O T A T S
G S D N O T R R F L U I K P A
O S A A S E T D I E I A O Y O
V A M S P T S U K A L U Q O U
A N O T E R B R A F L L T O B
E T O G R A C S E E E C I W G
N O U G A T H E T D Q Y E M G
```

139

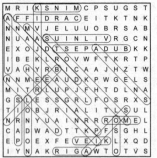

```
M R I K S N I M C P S U G S T
A F F I D R A C E I T K T N K
N N M V J E L U U O B R S A B
N U A A S U I N L I V R G C N
E X O J D T S E P A D U B K K
I B E K L R O V W F T K R T P
V A H Y R B I C A A J H Z T W
N N M E E A U D K P W G E L S
M I T R L U P J F H T D L N A
G S L E S S G R L F O S R X S
T I O B J R I A L I T L S U L
N R N Y U A I N R R R O M E L
C A D W A D T T K P F S G H L
E P O E X F E V E X I K L X Q D
I Y N A K R I G A W T O T V S
```

140

```
M P A D A S F T Q H E U E X A
T G D A B S O L U T E Z E R O R
N G R A V I T Y S D R I I U T
E E C I T T A L B R G I X T C
M U R T C E P S S X Y C T T U
O G O R Q N O I T A I D A R D
M C H A R G E V M R E S A L N
I T Q C T A F M C U N Y Q N O
L Y U M U E U B M O L U O C
E L A W A I R S J E W A I R
F O R C E T R S E I X T E S E
J P K R F D T S E P O T G S P
F D P P U Q N E I F M N G I U
T G F X T A S T R A R A P F S
```

141

```
J W L S O Y P S Q U D R U P T
R I F C W L A Q W U U D H L E
P V L T Z E U N H S I L O P P
L U E E Z E D H S I N N I F I
T I M S G S C X A T B V K G U
G T I E E E A H S H C N E R F
F P S U R N Z V K H I S S A R
K R H G M A A I K R B S I B E
R R S U A P E V A U A A T U U
M F P T N A I T A O R C A E O
I T A R A J U G I J J A D L E E
P E N O R W E G I A N Z I L M
L I I P U N J A B I A E A S P
M H S I L G N E S P O A N N H
R P H O I P K M U A T A S H L
```

142

```
T J P S U O Y L W L S L V E G
M Y G S K N O C K T X P H I G
A T S N C C H I R P M A P J P
Q S O R A S U T L E E M O Y N
N X I E U B U L W B A E K L T
R S Y H Q M I K C C J K H E R
S Z L T S T R A T T L E Y K L
A L W I B O B U Z Z Z A P T O
M O O L A O O V M U P I N G U
K T R S S H Y H L V A A A G Q
U J G S H O S S W R H W R U R
S U U I P S I X R Y D Y S T
X R I H A G U W Z O I O N S I
C G R U R B T S S Z A R A U N
T O V V U P R J S S V E M W W
```

143

```
V A G U E V Z F Y O R N H R R
R U G C X A A E L O H W N V B
T H S A C L S T R O U B L E D
T E U U E U E U U R E C N A R S
N C O T L A P E O O C U G I L
A U D I L B U O M R T E H G F
T Q N O E L R P L I E R N H R
R T E U N E L X I F U G N T N
O O M S T I M U L A T I N G R
P P E E C S L X Y L N I S A V
M K R A O K P R A N I D C L D
I N T E R N A T I O N A L A
E E L B I S S O P V P N R L
D A T R U E Q E R H N E K T R
S A T V T S Q R P T T L V S A
```

144

```
A R O O M N U M B E R M E R K
L M E R O O M S E R V I C E I
N S A S A B O F L O O R R I S
S O T E E B J R R R R E V S T
H R I R T R I Y N V I C R A K
O C E T R I V N M I J E E U T
W H O P A S U A I I W P S R A
E E T N A M O S T M Y T N A L
R C P F C P R D L I C I W N Z
E K E C S I S O T A O O O T H
T I X R U A E W F T D N D L V
R N K M O T C R E N U I N O H
O M M O O R E L G N I S R B S
P O F L U G G A G E Y T J U B C
C X S A B R E A K F A S T Y U
```

145

146

147

148

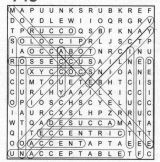

149

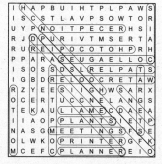

150

151

```
E M W T E H E Z U A G E R I W
F B I I A E B R X D U V E D Q
T U U C B N G E O I C A P R U
E R N T R E X U L P V P P E U
O E F N T O A U F L R O O N U
W T L O E S S K X J J R R R S
P T A I U L E C E G R A D U F
D E S I C C A T O R W T R B U
M R K H A L U T A P S I N N E
L I E B I G C O N D E N S E R
C R U C I B L E T O N G S S C
F U M E C U P B O A R D X N L
S V R E P A P R E T L I F U A
Y Y P O F G O G G L E S B B M
Q A A P E T R I D I S H A O P
```

152

```
E S N E Z Z W A B J V O T S H
G U E C N I S E V O B A J L P
N R C A T C F R O M C E R I Q
I B O H A O B N S Y S P B S B
D E I G R N E F N W S T L L W
R N E E W T E B N E O S N D S
A E U D S I U M M R A T O P B
G A B I S P T O T D I W Z E R
E T I S O P P O H D N U O R A
R H O T R R B L R T S O R B E
P B Q U C E E J O N I I Y T N
A P E O A D H R U Y D W O E I
L L D T S N I A G A E Z T O B
T U P R Y U N R H U L R H L K
B P B J A R D E A P W R V E Y
```

153

```
O M T I A B I L C K T X C D A
F O V M A P W M M W O H A D I
D R C A S R L U I I W P N B A
M Z I T O E D I R L P W A T O
G C R E A V T D A B W I V L M
I J C I A O K A C U D L O S M
Q L L R N R N R L R T L L H E
A U E R E G X S E S T E O A L
U I T U H D C B E M T T T P A
I Y U M C P I N K S L T A O Q
L I U M E R C E Y Y A R G V N
U J Y A R U O M K F O R F O A
B A I S T U X E W S I S E T P
T L L G G Q R H A R B I N T S
X P X H F C N R R S V V A F V
```

154

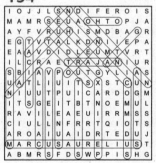

```
I O J J L S N D I F E R O I S
M A M R S E U A O H T O P J A
A Y F V R U H I S M D B A G R
E G T V T A L K D N I I E P A
E A A V D I D L E U M T V R T
I L C R A E T R A J A N I U R
S B I A V P O U T G Y L I A S
U A T L I U I T S X S T C U N
N I U U T P U I C A R D O G M
I T S G E I T B T N O E M U L
R A V I L L E A E U I R R M S
C I U L L N F R R T Q I O T S
A R O A I U A I D R T E D U J
M A R C U S A U R E L I U S T
A B M R S F D S W P P I S H G
```

155

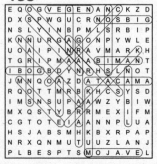

```
E Q O G V E G E N A N C K Z D
D X S P W G U C R N O S B I G
N S L Y I N B P M L S R B I P
K N N U R G A G O N P Y W L E
U O A I P I N R A V M A R K H
T G R I P M A A A B I M A N T
I B O G B D Y N R H S L N O T
J M N Q O A Z D A T X A C A M A
R Q O T T M R B K H C S Y S D
I M S N S U P A A W Z Y B I W
M X Q S T Y B R R M E X I F M
C G T O T E I A A N N P L U A
H S J A B S M H K B X R P A P
N R X Q N M U T U U Z L A N J
P L B E S P T S M O J A V E L
```

156

```
A K R P P V R Z R W D T L A T
R T A A N E N I R A C Q V H T
D I W S Q S U P V W E R H E C
S I P U S P U N B D O M I N A
F V F E D O L C E T T O S E N
T O E X T L R S S R K Y F Y A
D U R R E I C A G N U L A R I
A M S T G N T G B L D O L E O
P O H U A A R R L L O V B T L
X N G O T N L A O K A A K I O
P I F D O H A N V U G R L B T
D C F V N V Y T P I G N O L O
U A G L I A N I C O W E Z A S
R S A L P A G N I M A T V Q Z
W H K M A V R O I N M I L S R
```

157

158

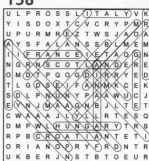

159

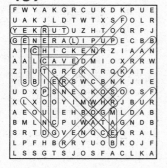

160

161

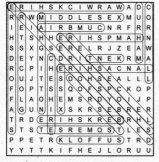

162

163

164

165

166

167

168

328

169

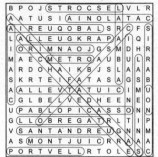

```
B P O J S T R O C S E L V L R
A A T U S I A I N O L A T A C
A I R E U Q O B A L S R C F S
L A L L E U G K R A P A I Q I
I O R I M N A O J G S M D H R
M A E C M E T R O A U B U L R
A R D O H A I K B J S L A A A
S K R T E I F A T A S A G S B
A A L L E V X A T U I C I M U
C G L B E L V E D H E E N E O
U P A B L O P I C A S S O N N
G L L O B R E G A T R L T I P
V S A N T A N D R E U G N N M
A S M O N T J U I C R R A A A
P O R T V E L L R T O L E S C
```

170

```
S G T O U R E B H I A V D Z P
U Y O Z T N N E C I R G K I R
T M D H N V U R Z H U M M F R
U H F E A X K K D I R U P P G
M A R B B E E S C D E K B P Q
T M S E L P N H O L T O A P Q
P U T D K U I R A R T O O S
O S P L I W K R U R N A A L E
F H I L E L A E D G A M C H P
E I E A B F A T X E H W E S E
A R T T E A O G T B S O Y I D
L E R T X P Z O N L I R U T U
H B A X U Y E N T A E T T I R
G N I J G N E F A C M H N R P
H S N A I R E B I K C A L B Q
```

171

```
O A A C H A R A C T E R V G Z
A T A N I G H T T H O U G H T T
S S L X K L L E W E R A F A H
Y R A M O T P M T K T E X I G
R N A Z M U T A B I L I T Y I
F E O G I A I E Y N D D P I S
D I P I G N Y A R G Y C U L E
E A D E T E R L O O H C K A R
S P F E N I B D M F C W R O O
I I E F L T N I E S T E J D F
D I W E O I A O M W E H D A S
E V F A L D T N M E K T B M V
R D T S O S I Y C D S T V I G
I L M J P X O L S E A A L A F
A R S S L E R T S N I M D T A
```

172

```
G E O R G E E L I O T R E E Y
N O R A R O B E R T S E Z C E
V I R G I N I A W O O L F I L
A S Z A D I E S M I T H C R L
E J U H A R P E R L E E H N H
N K J A C K I E C O L L I N S
I R R C S R R D N A R N Y A Y
D O A H A L I C E W A L K E R
B W M R J A N E A U S T E N A
L L Y I P E M U L B Y D U J M
Y I T S U N O I D I D N A O J
T N A T O N I M O R R I S O N
O G N I D L E I F N E L E H H
N G R E T T O P X I R T A E B
```

173

```
T R Q T Y B R L G S T U N R T
E E A O U O B P U F O W J D J
I R R S T S T E T S O N S U B
S L O A D H H K A R G B R R A
R M D T S P O A C N S E S I S
A N E J A V B M N R I R T O E
I S F J D I X M B K K E A Y B
C H O A T G V L N U A T H W A
G Q L R E K L A T S R E E D L
N T W H T B S R H P A G L X L
S O M B R E R O A E K W B Y C
C Q M S O V X M Q A U D B T A
Z U Z G M T Q L R E L W O B P
K E P I A L L A P U H C B A U
W Z F E L K Y B L I R T G S G
```

174

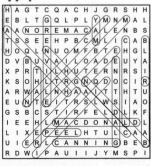

```
H A G T C Q A C H J G R S H H
E B L T G Q L P L Y M N M A L
A A N O R E M A C A L E N B S
T S S E E H P B C M L I C A B
H O Q L N U O M F B T E H G L
D V B U V A I L O A D E U Y A
X P R T I L H U T E R N R S I
K S O H L T R G N Q O O C I R
A R W A L N H A A T T H T U
E U N T E I T R S L W S I A O
G S B C S T I R F E L D L K F
I E E H L M A C D O N A L D A
L I X E P E E L H T U L C A A
U I E R L C A N N I N G B E B
R D W I P A U I I J Y M S P I
```

175

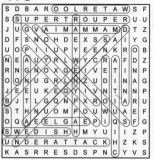

176

177

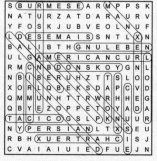

178

179

180

330

181

```
N O I T A C I L P I T L U M A
L A M I C E D A O S X D T N K
D V A R I A B L E M M A G X U
B N G T N Y O V R A P L O G F
N O I T A I T N E R E F F I D
O I N O I S I V I D F R N C B
I T A P D S Q U A R E R O O T
T C R U E O R O A B M F I N O
A A Y P M A E C M W A N T S R
R R N O J L T U L C T I I T R
G T U P B I N L T E R P D A W
E B M C O L O O G L I X D N X
T U B N A C R E J H X U A T T
N S E E R G R A R K A Y I R L
I A R B E G L A X I S H H N E
```

182

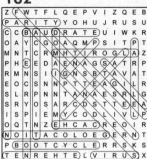

```
Z F W T F L Q E P V I Z Q E B
P A R I T Y Y O H U J R U S U
C C B A U D R A T E U I W K R
O A Y C G O A Q M P S I T P T
M N T C R M H X I R O G L A Z
P H E E D A E N A G S A T R P
R M N S I I G N S B T A V A T
E O C S N N P T T E A G I L R
S L R P N N T A N A E S R L G
S R Y O S A R C D S T T E E A
I S P I E M Y C O D L I V L P
O Q T N Z E H C A C R E O I R
N O I T A C O L O E G E R N T
P B O O T C Y C L E R R S K S
T E N R E H T E L V I R U S X
```

183

```
D Y M R O P G N I R E P M A P
G G T T U E E R H A U K R Q S
Y I N A Z W A R M S H O W E R
X N O I T A T I D E M O E D T
R R F C K P A N U A S B R S O
S R I H V L Z M T T R A N T E
E Q S I J P A H R C W D U A T
O B H L I S E W C H T A B R E
Y Y I T S R B I A O M E G G N
Q O N A A L Q O N C T R N A S
A S G P D U L E D O T H O Z I
O E Y A I L V L L L S G I N
J S D E E P B R E A T H I N G
P K T C V A M X S T W R Q G E
U E A M U W H A L E M U S I C
```

184

```
Q S D I R U A T J R A P C A J
W S D I N O I R O A H H R U X
U S D I T E C A G E M O K C A
D G L T R D E V U E E A A A S
J Q A G E E D J P R T N P P D
Q U P M M O C E S S A I P R I
P A N E M A M I D I A C I N
E D R E T A H I P D Q I C C O
R R S I B A N Y N S U D Y O E
S A J E E O L O D O A S G R L
E N R Y C T O Y R R A N N L S
I T T A L X I T R M I I N I S
D I R W X P R D I I D D D R
S D I N I M E G S D D D S S W
D S P I P U P P I D S S S C E
```

185

```
R A S P B E R R Y G C N L Y C
Z B A E Q A V A L S A T T O W
T A B R T H U B H C R U S T P
T N U S Q R M A R A N S Q R T
Y X R I C X A N Y R E C T J R
I B G A G L H N H M L A S R R
A O U N P I O I T I I N B A D
T Z N R A L G C T N A R N T P
L L D E R N A I T E N E V O R
Z A Y D Q O N N J A S D E K A
R O R W R S Y R I T A S C L Z
R Z I O S O C I U K M P R U P R H
E E F D T R R A B A A A I P Z
B K L J N C T E L R A C S U
```

186

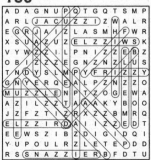

```
A D A G N U P Q T G Q T S M P
A R L J A C U Z Z I Z W A L R
E G R J A I Z L A S M H F W R
X S U A Z U Z E L Z Z I W S K
V Y W Z Z L P N I Z Z E B Z H
O B I Z Z Z E G N Z N Z L U S
T N D Y S L M P Y F R I Z Z Y
G N Y E R Q E A L P Z N Z Z O
M U Z Z L E N P T Z O G E W A
A Z I L Z Z T A A A K Y B O O
J Z F Z T Z R X Z Z B M R Q
E L Z Z I E R D A I I Z Z E D T
E E W S Z I B Z D I G I D Q I
Y U P O U L R Z L E T E P D D
R S S N A Z Z I E R B F D T U
```

187

188

189

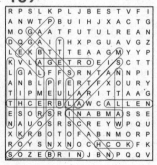

190

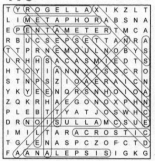

191

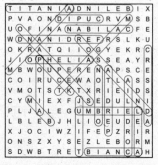

192

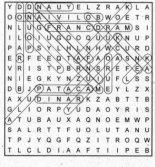

193

194

195

196

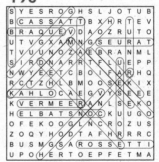

197

198

199

200

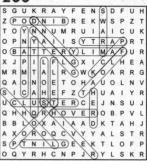

201

202

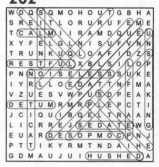

203

204

334

205

P	A	C	R	E	H	T	N	A	P	P	U	H	N	S
D	I	T	U	R	K	E	Y	T	A	I	L	I	U	Y
U	V	D	I	N	I	M	E	R	C	A	S	O	T	A
E	Y	D	E	A	D	L	Y	W	E	B	C	A	P	C
P	K	I	V	O	R	Y	F	U	N	N	E	L	Y	T
O	E	A	C	I	T	Y	H	P	O	D	N	E	S	S
U	Y	N	T	S	E	E	R	Y	C	M	O	R	E	L
S	W	S	N	I	E	N	A	M	S	N	O	I	L	K
H	J	R	T	Y	K	O	P	N	L	B	E	R	F	N
I	O	L	L	E	B	O	T	R	O	P	K	U	F	Y
I	U	Q	W	R	R	U	N	A	O	T	A	T	U	Y
T	F	X	H	C	P	P	N	E	F	R	T	O	R	L
A	R	E	I	S	H	I	L	A	S	O	I	U	T	R
K	I	N	T	Y	A	J	O	R	P	K	A	R	B	L
E	I	Q	E	K	A	T	U	S	T	A	M	H	L	U

206

A	X	G	X	T	I	I	E	A	W	P	A	R	Q	Z
X	V	B	W	N	V	I	T	R	L	R	A	R	O	S
S	E	E	U	G	M	F	A	J	E	Z	B	E	N	S
Y	R	I	I	L	C	N	T	D	P	Z	F	Z	K	L
D	R	A	W	A	K	E	R	Z	C	S	T	H	J	O
R	U	N	V	A	P	S	Y	U	E	L	N	R	D	X
A	V	E	A	O	A	I	N	R	F	R	O	R	I	H
R	I	N	F	R	P	W	I	S	H	A	U	M	T	L
E	F	U	M	D	U	H	T	E	R	M	K	R	Z	B
R	A	Y	R	C	L	A	O	A	L	S	T	Z	P	L
Y	O	E	Z	A	T	O	O	L	L	A	U	I	S	X
S	N	B	J	P	T	S	K	I	W	L	T	R	I	S
T	I	B	O	I	O	I	M	R	A	Y	I	T	I	O
S	I	N	U	K	P	P	K	S	B	S	O	D	I	N
O	M	Y	U	P	K	V	L	Q	K	H	L	S	M	U

207

Y	D	Y	C	B	R	L	V	S	R	O	Q	U	O	R
H	R	R	D	U	R	I	A	N	T	A	U	Q	O	L
G	A	R	U	J	S	E	U	W	I	Y	S	Y	T	O
N	G	E	E	H	A	A	A	I	U	O	F	R	K	B
O	O	B	W	B	A	M	O	D	R	M	J	R	U	L
M	N	L	N	D	E	V	B	J	F	I	J	E	M	N
M	F	A	E	A	I	L	A	U	I	R	S	B	Q	I
I	R	L	O	M	T	M	K	U	L	E	U	L	U	R
S	U	A	E	S	N	U	E	C	G	H	F	I	A	A
R	I	S	D	O	D	A	B	J	U	C	W	B	T	P
E	T	A	Q	N	I	H	E	M	V	H	E	A	W	S
P	W	T	T	I	U	R	F	R	A	T	S	F	X	A
Y	T	I	I	P	O	M	E	L	O	R	E	I	T	L
Q	A	C	O	F	T	I	U	R	F	K	C	A	J	B
R	P	H	Y	S	A	L	I	S	H	T	S	J	E	S

208

C	H	A	M	P	A	G	N	E	S	L	R	K	R	S
T	F	H	S	S	W	A	G	N	A	M	A	L	W	R
Y	R	M	I	H	A	N	Y	I	B	R	A	N	D	Y
A	E	T	D	E	C	I	R	D	N	G	B	Q	S	S
U	E	C	G	R	A	S	A	A	O	E	S	R	T	S
R	S	R	D	R	P	T	M	N	N	S	I	T	R	E
E	U	P	D	Y	P	E	Y	E	R	U	N	R	Z	A
T	K	E	U	N	U	R	D	R	Q	E	T	E	K	S
A	F	N	U	N	C	I	O	G	W	R	H	D	W	O
W	O	O	C	Q	C	U	O	S	W	T	E	I	T	Z
E	T	S	U	T	I	H	L	K	I	R	S	C	H	P
S	R	T	I	Z	N	L	B	V	N	A	H	Z	V	D
P	E	N	W	C	O	F	F	E	E	H	B	R	G	O
S	E	V	A	P	P	L	E	J	A	C	K	Q	H	X
I	L	U	X	R	U	D	C	I	E	T	A	N	C	K

209

T	R	S	T	A	B	P	R	O	E	N	R	O	B	L
P	O	H	O	K	K	A	I	D	O	B	H	B	A	R
A	M	R	S	U	M	A	T	R	A	O	G	R	R	W
N	I	F	F	A	B	U	T	Y	N	R	I	N	E	J
E	T	E	I	F	Z	H	I	S	E	Q	S	R	T	Y
W	Y	L	I	C	I	S	H	E	Q	A	I	A	A	S
F	K	Y	U	S	H	U	N	S	K	Y	S	L	O	N
O	T	E	L	D	H	L	T	H	S	M	U	V	W	K
U	R	A	C	S	A	G	A	D	A	M	L	G	A	E
N	N	S	I	N	I	L	C	N	R	H	A	V	A	J
D	V	K	D	W	I	R	I	O	D	L	W	P	S	E
L	U	Z	O	N	A	A	J	A	I	G	E	B	N	W
A	U	P	N	Q	S	N	F	I	N	L	S	M	M	D
N	E	W	G	U	I	N	E	A	I	R	I	S	F	T
D	N	A	L	E	R	I	T	A	A	Q	E	R	I	R

210

B	W	O	N	T	O	N	S	O	U	P	G	E	K	A
A	H	S	Y	I	A	T	O	F	U	F	G	F	U	R
D	C	I	L	O	R	C	H	O	W	M	E	I	N	H
O	E	T	Z	L	M	U	S	M	I	D	Y	Q	O	T
N	N	E	M	O	O	N	C	A	K	E	O	I	P	G
G	T	C	S	H	A	R	K	F	I	N	S	O	U	P
P	U	I	U	E	P	B	G	D	O	I	V	H	F	U
O	R	R	B	Z	G	L	N	N	N	T	R	C	U	O
P	Y	D	R	T	N	R	O	S	I	T	Q	K	O	S
O	E	E	N	A	U	X	A	A	O	R	A	A	D	E
R	G	I	O	I	K	U	T	J	E	R	P	P	O	L
K	G	R	A	X	C	H	A	R	S	I	U	S	P	D
M	U	F	P	E	K	I	N	G	D	U	C	K	A	O
E	D	Z	N	N	Y	M	S	E	L	F	B	O	M	O
J	C	D	I	Z	Y	B	L	A	C	K	B	E	A	N

211

212

213

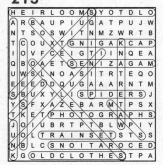

214

215

216

217

218

219

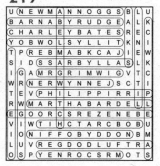

220

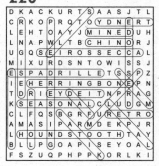

221

222

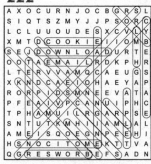

223

```
S A C T O R E T F A E R E H A
T S O M R E D I R E L A P O I
N H A N G E M H I G H W O T U
P Y J N E R V D A M L H R R P
G R E W F V A I I F B I T A R
U R R O C R I F R R L D H I O
M A S J N H A G F C E E G O D
P H E S E I A N R K I C I N U
U Y Y M R D R N C O U T T Q C
R T B U F O G O G I F T S O E
E R O W D Y Y A T E S N F Y R
U I Y L L U S A R N L C U T M
X D S E A H R D M T A I O U S
P T C S B C A L I F O R N I A
X O F E R I F S T R E Z G G O
```

224

```
H K C I L C R E P Y A P T S G
T G S K N O I T P Y R C N E N
T C N H E Q R A U K N L U S I
H C T I O Y R R R M A K S P L
O G R Y L P W N F N F C N B D
I N Y O E L P O D I E A G O N
N I A P S K E X I R S H B N U U
V P W E L S X N S N D E E I N B
E P E N A G S R P G S G T C O
N I T R P U G E U U C R E E O
T H A A E I Z V L T U A K R O
O S G T A Z B N N L R H R A K
R E T E N T I O N S I C A T I
Y T R A N S A C T I O N M E E
J U S N O I T A T N E M G E S
```

225

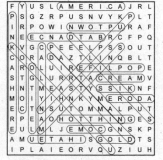

```
L L A Y O L U R K L R Y Y S U
S I L L A Y E R X L N A S T L
Z J P A E L H A A I L E B O L
I L L S T R A R G R L M I I
Y L R A B E Y T E U E T S U G
G L E Q C M R G T M E T T J H
L O D R T I U A R I E I Y Y T
G J N D L M R N L N C L P R S
O D E I E E T Y E O P E H L T
U S V N T J B L U O C C S V
I O A I F T U L I S T I N G T
T R L E G I B L E Y P I U W N
T D K A B S R T A M A A L W A
J B R R P N O O G A L L H Z Y
T D W Z R K W R R V U M Y I N
```

226

```
P G S O A Q Z A N G L E S L E
E C L I P T I C G H O U S E D
V P M O D S V F I E T M U L V
I Q A U L Q R A R E U B S A G
G E M I N I F E L N L L I C I
O K B R S U I R A T T I G A S
O R V A K I A R Q L T N P R
A P T U T N N N A J Z R H R A
T N L Q H O R O S C O P E I T
K T N A X D N E C S A D S X C S
C F S E N V A L X S I N O O M
B A R R U E V T L S A G O R L
Q Y T L C J T X W B C I A N J
O A O U T X B S S T C G V X H
```

227

```
F Y U S L A M E R I C A J R L
P S G Z R P U S N V Y K P L T
I I R P O W I N W O T P U R A F
N E E C N A D T A B R C F P Q
K V G C P E E L P S S O U T
C O R A D A Z T L I N Q B L T
A R O L U I R E F I L P O P E
S T G L U R R T A C R E A M Y
H N T M E A S S S I K N F
M O I Y I H N K Y M E R O D A
E C R N S U T O M M A L P U T
R P E A O H O T T H I N G S
E U L M L J E M O C G N S K P
A M U E T A H I S G O L D T S
I P L A I E O R V Q U Z I U H
```

228

```
U L U R U Y N M W C A I R N S
E V P G F L D N I A W F A U G
E U N I W R A D V B F E C D G
D E A B M O O W O O T S E E L
I N L T B A L L A R A T E V E
A R A T O O A L L Q B L H O J
L U E L S W U I O P O A A P X
E O L N S A N A N N P E R T H
D B H R A N C S G A G U U M S
A L R U E B E W V E M O D Y T
Y E N D Y S S E E I I S N C N
I M H K I T T I U N I S A G E
B E N D I G O L R Q T L M T R
C A R R E B N A C B S N E C T
J Q U S C E F Y A K C A M E R
```

229

```
M U S H R O O M S E E R T M O
A I M I O A B O T K L U Z V G
N R L X B T U S I H X O T T W
T I E S I I L E A D S A Q T Q
P R A E R A B B I T W I G S R
L G V R D E K A N S A D I C T
B B E E E N W E E D S S G L D
T L S G U D O O N Y B P U I O
L D N D O G I P L B L O G S Q
S S L A U C N P Z F W T H N S
T Q T B T M T Q S Q O C U T M
R Z Y S J U O P Q D H X E A G
N D J S O P R Y A D Q T M E R
P A Q P K E W E I M S R V U Q
P B K L Y T K I K W A B B I I
```

230

```
S I E F S X C D L E S S O N L
H N F N T M I E O C D Y G H X
A C O T A L S E O H S L O O P
L C H I R L W P P L H F G G T
L I H U T T I E H O O R G S T
O S F A I M N S R W E L F F F
W E S E N S T D A I E T E R A
E C D Q G S E L N R T S E L L
N A S I B U I P P E R U T E M
D R D P L G A N S M N B N S I
O G W A O S Y R G R O G S T A
I Z Z U C A J C D R T C X Y P
M N T P K D Q L T H O E H L I
L I B R E A S T S T R O K E A
L E W E U I J L Z C O S M S N
```

231

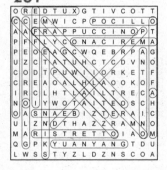

```
O R E D T U X G T I V C O T T
C C E M W I C P P O C I L L O
A A F R A P P U C C I N O P T
P F F L Y C O N A C I R E M A
P E O E A G C W Q E B R P A G
U Z C T A T U H C T C D V N O
C O D T P U W I O R K E T F
C R E A O A L H L A O O K O F
I R C L H T L A I L T R E C A
N O I Y W O T A I T E O S I C
O A S N A E B I Z T E R A I C
U L Z N D T H A Z Z R A M N O
M A R I S T R E T T O I A O M
Q G P K Y U A N Y A N G T D U
L W S S S T Y Z L D Z N S C O A
```

232

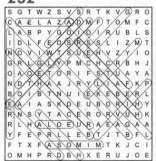

```
S G T W Z S V S R T K V G R O
C A E L A Z A D M F T O M F C
L A B P Y G O O I R U B L S
I D L F E O S R S L I Z M T
N O V I W T S U E H V Z Y I O
G R L G L Y P M C H C R B H J
O A O E T O R I F S T U A Y A
N D T H A A J R Y L I A F K P
B O I B T N U I E K E B E R L
E A I A S K D E U B O R I H Y
R N S Y T A C E R O R V U H K
R L H A L O E U R A E A G A A
Y F E P R L L E B T J T B F L
F T X F A S O M I M T K J C I
O M H P R D B H X E R U J O E
```

233

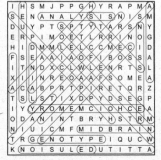

```
I H S M J P P G H Y R A P M A
S E N A N A L Y S I S N I S M
D U Y P T S P T Y T A R S N Y
E R P I M O E T L R R I N O G
H I D M M L E L C C M E C I D
F S E A A I A O F I B O S S A
I T N D X C L W L E N R T S L
X I I N R E O A X F S O M E A
A C A B R T P I R E T Q R Z
T S L S T I X D P Y D S E G P
I Y Y R O M E M C I O H C E A
O D A N T B R Y H S T R R M
N I U I C M F M I D B R A I N
T R G E N O T Y P E I Q U C W
K N O I S U L E D U T I T T A
```

234

```
B A W P A G F W G P S U T A A
T A O T I F P O S T A G E E N
I U N N S L C P T K Q L M A K
Q B T U N A W E B G J U V L C
S C I I I W B N E G A S S E M
R T Y D P T L O S V J E M B C
C O U R I E R F T O R R S A X
D P B F N N E F O V R E T L O
L O L O G E C F T L E S Q Z
T I W C D U S R F L G L Y E J
A S S B S C A T E O Y K S U R
S H A T R U A R R M V T G T B
Q C O O Z A Y I R E F U N D
K C W I G N R E T U R N S J F
K E C I R P G N I T R A T S L
```

339

235

236

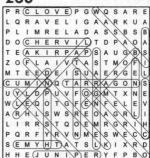

237

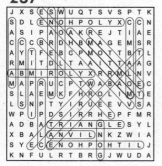

238

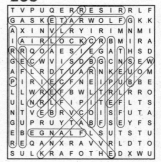

239

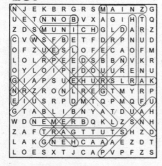

240

241

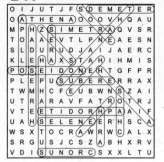

242

243

244

245

246

247

```
T A S W W R Y P I A Z E V B T
G V S A S T L L G K M T Q L I
I R E L K V S I R F E R W K N
S F P I P N E A Z R J O A I A
R T T G P W R E T O A M L A I
R O E A W E P U G G O G U M T
L O T U H I L L S D R H K F M
N H O E A V V T A O B A N K F
E Y N A R E M Y V Z U L P U A
D T A E F R E E N A L Y A K
T O S O H A A H N L A E C T E
P Z U S L U D C U C L O S E D
A A M O R Q O N E H P A G I J
W L E A R S W A E S T R T T R
F A R M E W S R E A A T R O F
```

248

```
L R Z M A Y X S T I P T S E T
K U O G G Y G S U R V E Y X N
M O D C U H S O Y L C P A C I
I S S C K P Z H L E U S V A O
D Z T I R A Y M R O S M B V P
D D L R D R R A N E N A U A E
E O I O Q G M T M Z C O H T L
N M S T A I L B U K U P R E I
M I S S C T L A D H I Z O H T
I N O I T A C I F I S S A L C
B S F H G R R D E B I T A G E
E I R E O T Y P O L O G Y R J
A T A R T S U F E A T U R E O
M U D P T I D E F A Q X T J R
E M C R J U S A E M I Y U A P
```

249

```
O R U J F R A C T U R E V Z E
N O I T A R E N E G E R J F S
S Y U G E C I N E H T Y A T S
G E F H G I H R E K A E R B M
N B L U E V A L E N T I N E L
I D A U Q S R E T S G N A G O
H I S U C A N A D I A N L K S
T E H R T R O H S G I B E H T
D C F S T H E B E L I E V E R
O C O W O D A H S E T I H W I
O D R I V E I J G A C T O R I
G E W P N O S L E N F L A H E
L R A J G O O S E B U M P S R
L U R T H E N O T E B O O K J
A X D N A L A L A L Q V Y W O
```

250

```
L E S O I X O P T A O I L J G
M T X P S B R O D A V L A S J
E E E O L U A P O A S J B F E
G T D R Y A S O H L U R A U G
A Z N T E A B I T I R U C D N
T W A O O S I R Z A P W O S C
N D R A Z Z I D J N O S R S A
O B G L L I X E N A I R R O L M
C F O E A F R R A R T E S J P
A F P G O T A X O U D O C A I I
Q W M R E C A S H N V I S P N
P S A E A E I N S O E F C M A
T K C J O I N V I L L E O T S
E S U A N A M U L R H E E E V
Y E E A Z E L A T R O F B R Q
```

251

```
S L L O R R A C S I W E L T P
S G D I W B D T T D H L E T L
E T L S H I C Z R F P T I H E
H A R R I L E N A L S R N E O
C C O A T L B T E A E U N D V
U E W B E T T H H M R T E O E
D R Y B R H C E F I A K T D L
E I S I A E F D O N H C N O E
H H A T B L Y O N G H O H D S
T S T H B I R R E O C M O R U
O E N O I Z O M E V R Z J S O
R H A L T A N I D U E A A C A
H C F E D R E U Q I M N W A E
H S B R V D H S J L R T K P H
K C U D E H T E L G A E E H T
```

252

```
J S U F M T T F R E N S P O N
S E Z Y I X C G O R A N G E O
E P O M E G R A N A T E C S S
R Y T G B P L E M O N T E H M
Y R N O L E M R E T A W P I A
P R A O S A C H E R R Y A P D
O E R S H C A Y I S R M R P Q
L B A E P H O N T O U I G U E
T E Q B B B E D G X C E I A R
Z U U E A W E I P O K N O E D
A L O R N P A R T E C P M Q T
Y B O R A O P R R E A F A C A
F P B Y N R L L T Y L R T P R
E S G U A V A O E S B R H O E
L H L E T H S N W L A U A B G
```

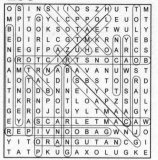

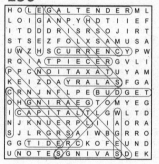

259

260

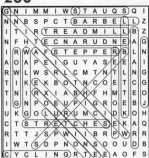

261

262

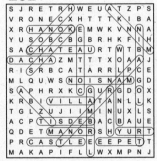

263

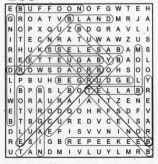

264

```
A E H A E M E N I N B L A C K
S C I A S L T Q F O C U S B A
G M T N R O A V R H H A Q P W
E A C O N S T T E V T J O M I
J D H A R A S H S J R B K O L
F E A U N N E E H R A R C H D
F I I L O G H K P S E T O T W
E N A U I E T A R H R T C H I
B A M E S L F R I A E T N G L
R M L Z S E O A N R T C A I D
B E E S U S Y T C K F X H R W
W R G G C P M E E T A T S B E
Z I E Y N T E K B A D B O Y S
U C N S O B N I L L B S T N T
Y A D E C N E D N E P E D N I
```

```
T N E S N U N D E R N E A T H
O T F N A N O T A S W E J H T
G S E N O Q Y Y A W A K L A W
N O O E A A D A G Y R U H N X
I N P P F I P C I N O R I K T
H G K U U R D O E I I W P U A
T W I Z R R E R L A O N M U H
Y R N L T R E V A O U N I Q P
R I G H T T H R O U G H Y O U
E T O H O O T D L D G I E X J
V E F T N A I D A N A C E T H
E R P L P O N S I N G E R S L
U H A N D S C L E A N K H P T
U N I N V I T E D A F X H A S
B N N R A E L U O Y L O Q R U
```

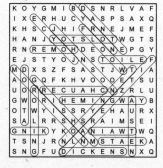

```
R E D W O P A O C O C F A S U
A R E T T U B A O C O C M T Z
W S C U R I S Q N O S I S U C
R T H R S Y M W D U D N M Q T
E T I O T G L S E V E A T X H
C O C O A B E A N E S G R C T
D B R O W N I E S R T R S K U
T T V M O U S S E T E O J P N
P C S G F Y V E D U I Y Q V O
D E S S E R T E M R U O G N E
U S W H G Y I I E T I H W X
S W R B Q W N A L L I N A V T
A A R J U T S A K T A A Z Q U
U P V I N C H E R R Y L A D E
H U D S T E E F F O C T R V K
```

```
M A A E A M I J A R U K A S L
O O M O U N T H O O D I R N I
U O U O T T T A L Y K X O E L
N E R N U A R E Z L I A B L O
T R R E T N K J T I L P M E B
F E L T I M T A F N A O A H M
U K O O A N E U R L U T T I O
J A A F G A I R N K E O J S R
I B S V A N L A A Z A C M T T
P T G L A C I E R P E A K N S
I N W R E D O U B T I N L U L
X U V D T Z M A Y O N N Y O W
E O B U T A N I P T N U O M T
K M Z S U B E R E T N U O M E
Z L K Q B T A T V C O L I M A
```

```
K O Y G M I B D S N R L V A F
I X E R H U C Y A S P S A X Q
K H S C J H I F R N E J M E F
H A N J Y O T S L O T W G T S
R N R E M O H D E O N E P G Y
E J S T Y O J N S T O I L E F
M D X S Z F S A S T J W T I A
A O G Q F K H V O O D E T S U
U O R R E C U A H C N Z R L U
G W O R I H E M I N G W A Y B
O T W Y I S S R Y E H A U R X
S A L R R S H S R A I M S E I
G N I K Y K X O A N I A W T W Q
T S N J R N L N M S T A E K
S N G F U D I C K E N S N X Q
```

```
T R E T A G H T U O S X M S G
W F B Y G L L A H X U A V C S
Z A E A C L L E W K C O T S I
K R T U L O L D S T R E E T M
Z R L E S H A A J X I E N X O
L I A M R T A M V N C R O U O
I N K P U L O M B O D S B C R
G G C A N X N O N S T R E E T G
B D P U X E U O P G O S L H A
R O S M A F E I A N F P Y O T
N N E H V A M R E I X K R L E
A H I L L I N G D O N A B A O
T E U L I E T A G D L A M O O
V R T C P T S T R A T F O R D
S C O B N C V A G P O C I N R
```

271

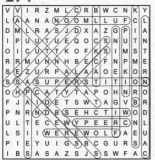

```
V V I R Z M L C R B W C N K Y
L A A N A N O O M L L U F C L
D M L R A S J D X A Z G P I A
I P U U T U E Q O C S N U T N
O I C U T T K O F K S I M S T
R R M U N N H B E C F N P M E
S E Z U R P A L A A O E K O R
S S A S U P E R S T I T I O N
O H P C A T Y T A P O H N R O
F J A I O E T S W T A G V B R
P N R N D B S E H C T I W O D
U L T E C E W Y P E E R C N L
L S I I W E R E W O L F A E U
P I E Y U I G S B C G U R S A
I B S A S A Z S J S S W F A C
```

272

```
A H R Z N O L A N O S K C A J
E K C I R B U K H C R R O A A
U I S A M Q X H O S E W P J R
R T R L O W L T F H Y J P A T
L N H X I L T B I G E L O W T
Q L O G G V Y U C C M C L W I
I Y J R R A V O D O M L A A O
T A E E E S E S R O C S C J
V N N A B M B Y T V X S Z H O
S R K D L T A R A N T I N O F
S E I Y E U Y C E S K E R W A
B V N V I R I A Y D M P K S E
I U S T P I S P N O O A O H S
N D U U S I B O Y L E S R I M
D Q A O R E H C N I F S P A X
```

273

```
S L S L A C I S U M P S T E J
O O J E A N V A L J E A N H V
U L A V I N E N H T I J O C S
T Y L O J E T T E S O C I O F
C O A N F O J K E L J L T R S
N O I L L E B E R E N U J J S
U G N A E F U A A M L E Z A V
K U B C P R S I Y G A G J G F
P H O I O Q O O L I I A S B A
T R U R N M M H F L V U S E S
L O B O I B A R A E Y I R A L
Y T L T N A R G R B R E V E T
F C I S E N I T N X A F O J A G
O I L I O P U T P X O K R X A J
E V L H H E S K O T N T L U R
```

274

```
P K G W A K E B O A R D I N G
O H B O D Y B O A R D I N G N
T O I H P M U J E E G N U B I
H A N G G L I D I N G K G I K
O B A S E J U M P I N G N G L
L R T S B Z T B I E I N I N A
I G N I I K S T E J F I D I W
N O S S N O W B O A R D I N G
G P G N I E O N A C U A L N N
O B M X R A C I N G S L G U I
A N P A R K O U R B P T E R R
S K Y D I V I N G P T E R E E
G N I T I K D N A S I T A E I
G N I V I D E V A C K I P R H
G N I B M I L C E C I K R F E
```

275

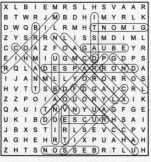

```
X L B I E M R S L H S V A A R
B T W R J M B D H I M Y R L K
D W Q B I L R M H T N O M I G
Z Y S R R N I S S M D I M L
C C O A Z F O A G A U B E Y R
E I H M I U G M C D P G D P S
R Q L A D E S P A X R R O N D A
I J A N M L L Y O R O R R O S
H V T T S B D F D G A I C R L
Z Z P O I A O U O R Y L X I K
Q A U I T N V N Y U A G F G E
U K I B D O E S C U R H S A H
J B X S T I R L S E V C C P V
A G H E H R T I X P U A H A H
Z H T S N O S S E B R T L U H
```

276

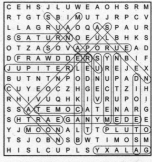

```
C E H S J L U W E A O H S R M
R T G T S B I M U T J R P C V
L L A G R U A O Q A S P A U R
S A T U R N O E U L B H K S
O T Z A S O V A P O R U E J
D F R A W D D E R S Y N B I F
J U P I T E R L E U R E J E X
B U T N T N P O D N U P A D N
C U Y E O C Z H G E C T Z I H
R H I V U Q H K I V R U P O J
S S A T E M O C A T E N A R G
S H T R A E G A N Y M E D E E
Y J M O O N A L T T P L U T O
T S J O B N S B W T I M O S M
H I S L C U P L S Y X A L A G
```

277

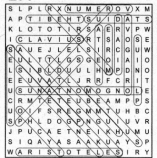

278

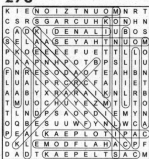

279

280

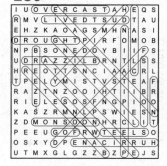

281

282

283

284

285

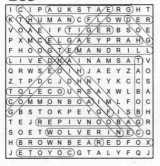

286

287

288

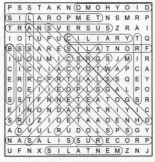

289

290

291

292

293

294

295

296

297

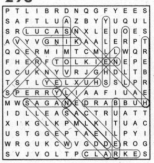

298

299

300

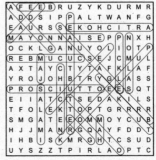

NOTES

NOTES